# JOURNAL INÉDIT

DE

# ARNAULD D'ANDILLY

(1629)

À Monsieur Leopold Delisle
Membre de l'Institut
hommage respectueux
Eugene halphen

JOURNAL INÉDIT

DE

# ARNAULD D'ANDILLY

# JOURNAL INÉDIT

DE

# ARNAULD D'ANDILLY

## 1623

PUBLIÉ D'APRÈS LE MANUSCRIT AUTOGRAPHE

PAR

## EUGÈNE HALPHEN

PARIS

CHAMPION, LIBRAIRE-ÉDITEUR

Quai Voltaire, 9

—

1900

A BERTHA EUGÈNE HALPHEN

10 Décembre 1900

L'année 1623 ne présente pas d'événements remarquables, et Arnauld n'inscrivant que ce qu'il a vu ou connu personnellement, son journal est très court. Il n'est cependant pas inutile. Arnauld détermine des dates sur lesquelles les biographes étaient en désaccord, il confirme les renseignements touchant les affaires de La Rochelle, il donne, à propos du duel de Schomberg et de Candale, des détails qui ne se trouvent pas ailleurs. Il s'arrête longtemps à ce duel à cause de la qualité des personnages et aussi, je crois, à cause des conditions offertes par Schomberg, qui font honneur à ses sentiments et sont nouvelles dans les habitudes des duellistes. Schomberg désirait que les seconds, chargés de régler la rencontre, ne se battissent pas. Cette humaine proposition fut repoussée par les intéressés, qui, n'osant briser les habitudes acquises, causèrent la mort de Saint-Michel. Schomberg, malgré l'insistance de son neveu, refusa l'aide de son second qui, débarrassé de son adversaire, venait à son secours. Cette inégalité du combat de deux contre un seul a disparu plus tard, mais il faut savoir gré à Schomberg qui, le premier, au risque de sa vie, a renoncé à un droit admis sans contestation.

J'espère être agréable aux curieux de l'histoire, en publiant ce court journal exact, sincère, où l'auteur, ne parlant jamais de lui-même, n'a pas d'intérêt à falsifier la vérité, voilée si souvent dans les mémoires de ses contemporains [1].

---

1. Je renvoie à la collection Michaud et Poujoulat, pour les mémoires de Richelieu, de Fontenay Mareuil, de Brienne, d'Arnauld d'Andilly, de Jeannin et de Rohan. J'ai employé pour les Mémoires de Bassompierre, l'Edition du marquis de Chanterac pour la Société de l'Histoire de France, 4 vol. in 8° Renouard, et pour la Vie de Louis XIII, par le P. Griffet, l'Edition de 1758, 3 vol. in 4° Paris.

# JOURNAL INÉDIT

DE

# ARNAULD D'ANDILLY

## 1623

## JANVIER

*Mard.* 10. — Le roy arrive à Paris [1]. Aprez le roy marchoient M. de Chevreuse comme grand chambellan et M. de La Vieville, comme capitaine des Gardes.

Aprez, Monsieur et auprez de luy, un peu à costé et derrière, M. le colonel d'Ornano. Aprez, M. le Comte de Soissons seul (ce qui fut jugé ainsy et apporta grand mescontentement à M. de Guise qui pretendoit marcher à costé de luy, comme il avoit faict autresfois). Aprez marchoient en un rang M<sup>rs</sup> de Montmorency, de Chaulnes et de Luxembourg.

---

1. Voy. *merc. fr.* VIII. 899.

M <sup>rs</sup> les Maréchaux de France ne s'y trouvoient point [1] pour ce que l'on fit marcher le prevost des marchands [2] plus prez du roy qu'eux.

Dez Lyon M. de Pisieux [3] avoit (et mesmes dès auparavant) rendu de mauvais offices à M. de Schonberg [4],

---

1. Voy. Bassompierre, T. III, 178.

« Ainsi nous commençames l'année 1628 à nostre arrivée à Paris où le Roy « fit peu après une espèce d'entrée en laquelle Monsieur n'ayant voulu souffrir « à M. le comte de marcher avec lui, M. le comte en fit de mesmes avesques M. de « Guise quy se retira. Il arriva aussi que le Prevost des marchands prétendit de « marcher immédiatement devant le Roy, comme n'estant pas une entrée, mais « un joyeux avenement, de quoy les mareschaux de France eurent un tel mépris « qu'ils ne voulurent pas mesmes contester, et nous en vinmes sans accompagner « le Roy. »

2. Nicolas de Bailleul seigneur de Valletot sur la mer, de Soisy sur Seine, d'Etiolles.

Conseiller au Parlement le 30 mai 1608 — M<sup>e</sup> des requêtes le 19 mars 1616 — Président au grand Conseil vers 1621 — Ambassadeur en Savoie — Lieutenant civil à Paris, de 1621 à 1627 — Conseiller d'Etat, 25 septembre 1627 — Président à mortier au Parlement de Paris — Chancelier de la Reine Anne d'Autriche — Surintendant des finances du 10 juin 1615 jusqu'au 17 juillet 1647. Il mourut le 20 aout 1662. Il rendit de grands services à la ville de Paris, construisit les quais et un grand nombre de fontaines.

3. Pierre Brulart IV<sup>e</sup> du nom, marquis de Silleri, vicomte de Puisieux, fils de Nicolas Brulart et de Claude Prudhomme.

Grand trésorier des ordres, secrétaire d'Etat, le 6 mars 1605, conseiller d'Etat en 1607, ambassadeur en Espagne en 1607. Meurt le 22 avril 1640.

Il avait épousé en premières noces, Madeleine de Neufville Villeroy, et en deuxièmes noces, Charlotte d'Estampes Valençay, fille de Jean d'Estampes Valençay et de Sara d'Happlaincourt.

4. Schomberg (Henri) né en 1575, mort le 17 novembre 1632. Le père Anselme dit âgé de 59 ans, il n'aurait eu que 57 ans.

Fils de Gaspard de Schomberg et de Jeanne Chasteignier.

Comte de Nanteuil et de Daretal, chevalier des ordres, gouverneur de la haute et basse Marche, général des troupes allemandes au service du Roi, maréchal de camp, ambassadeur en Allemagne en 1617, surintendant des finances en 1619, maréchal de France en juin 1625.

Son père Gaspard avait acheté du Duc de Guise le comté de Nanteuil, moyennant 380,000 livres, il en prit possession le 15 septembre 1578.

prez du roy; ce que M. le Chancellier [1] luy et M. le marquis de La Vieville [2] continuèrent avec instance estans à Paris [3]; M. de La Vieville donnant des mémoires au roy sur les prétenduz désordres des finances.

---

1. Silleri (Nicolas Brulart), seigneur de Silleri, de Puisieux et de Berni,

Fils de Pierre Brulart, président des enquêtes et de Marie Cauchon, dame de Puisieux et de Silleri.

Conseiller au Parlement en 1573, Ambassadeur en Suisse en 1589 et 1597, Président du Parlement la même année, contribue au traité de Vervins, Garde des Sceaux en décembre 1604, chancelier le 10 septembre 1607, remet les Sceaux en mai 1616, les reprend le 23 février 1623, les rend le 2 janvier 1624 et se retire en sa maison de Silleri où il meurt la même année, le 1er octobre.

Voy. Hanotaux, Histoire du cardinal de Richelieu. T. II, p. 12, 1896, in 8°, Didot.

« Silleri était un habile homme, mais il ne visait pas au talent oratoire. Vieux « routier de la politique, il personnifiait le gouvernement de la Régence, fait « d'adresse, de faiblesse et de procrastination. »

Créature de Villeroy. Thou dit dans une lettre : « Je donnerai le nom de Renard à un homme qui a été notre ambassadeur à Rome et avec qui Villeroy a été autrefois intimement lié. »

2. Charles de La Vieuville, premier du nom, fils de Robert, marquis de La Vieuville, grand fauconnier, et de Catherine D'O, veuve de Michel de Poysieu.

Grand fauconnier en 1616, capitaine des gardes.

Lieutenant général de Champagne, chevalier des ordres en 1619, maréchal de camp 1622 ; surintendant des finances le 11 janvier 1623 ; fait congédier en 1624 le Chancelier de Sillery et Puisieux; il est supplanté par le cardinal de Richelieu. Le Roi le congédie le 13 août 1624. Il est enfermé dans le château d'Amboise, d'où il s'échappe. Il est réintégré dans ses charges et biens, en 1643. Est nommé par Mazarin, en 1651 Surintendant des finances et ministre d'Etat. Il meurt le 2 janvier 1653.

3. Voy. Bassompierre III. 170 et suivantes les paroles de Vieuville au Roi pour perdre Schomberg qu'il accusait de ruiner les finances.

« La Vieuville estoit ennemi juré de Schomberg parce qu'il luy avoit rayé sur « l'estat de Champagne, deux mille escus par an, qu'il s'estoit fait donner pour « rescompense du Gouvernement de Mesieres qu'il avoit perdu aux derniers « troubles. »

Et Richelieu, 273 :

« La Vieuville avoit fort aidé à la Ruine de Schomberg par beaucoup de faux « avis qu'il avoit donné au Roy de longue main, désirant avoir l'administration « des finances. »

D'après Fontenay, 173, le Roi avait résolu, à Lyon, de renvoyer M. de Schomberg.

La maladie de M. le Garde des Seaux de Caumartin pressa encor l'affaire, à cause que M. le Chancelier qui vouloit ravoir les seaux craignit que M. de Schonberg ne frapast coup pour un autre ; et M. le Chancelier et M. de Pisieux pour amuser M. de Schonberg luy envoyèrent le 18 et le 19ᵉ M. de Bulion [1] luy faire des protestations nonpareilles d'amityé [2].

M. de Schonberg avoit dez longtemps esté adverty du dessein qui se formoit contre luy ; mais il se fiôit sur sa probité [3]. Le matin dudit vendredi 20ᵉ, le roy, M. le

---

1. « Claude de Bullion, seigneur de Bonnelles, marquis de Gallardon, con-
« seiller au Parlement (1575), Mᵒ des requêtes (1605), envoyé du Roi Henri IV en
« Savoie (1609) et du Roi Louis XIII auprès de plusieurs Cours, surintendant de
« Navarre (1612), chancelier de la Reine (1615), conseiller d'Etat (1629), surinten-
« dant des Finances le 4 août 1632, garde des Sceaux des Ordres le dernier février
« 1633, président à Mortier en mars 1636. Il meurt le 22 décembre 1640. »
Il a son historiette dans Tallemant, T. I. 145. Ed. Paulin Paris.

2. Voy. Richelieu, 273.
« Le Chancelier et M. de Puisieux faisoient profession d'une particulière
« amitié avec lui ; et le matin du jour que Tronçon lui porta le billet de son congé,
« il avoit reçu un message de la part dud. Chancelier, par lequel il luy envoyoit
« demander de ses nouvelles et comme il avoit passé la nuit. »

3. Voy. Richelieu, 273.
« De savoir la vérité de ce qui luy était imposé, il est difficile ; mais il est vrai
« qu'on n'a rien vu qui doive faire croire qu'il n'en soit sorti les mains nettes. Il
« faut estre aveugle de passion ou d'ignorance en ce sujet pour le dire autrement. »
Fontenay Mareuil, 173.
« Et quand a M. de Schomberg, il sortist avec ceste reputation peu ordinaire
« aux Surintendants, de s'estre contenté de ses simples appointements. »
Voy. Arnauld d'Andilly, 412. La réponse hardie qu'il fit au Roi soupçonnant
la probité de M. de Schomberg.
Tallement disposé à médire dit : T. III, p. 110. Ed. P. Paris.
« Ce Monsieur de Schomberg avoit les mains nettes et d'Andilly aussi. Quoy-
« qu'on luy dist que s'il vouloit prendre le soing de parler au Roy, il dissiperoit
« toutes les caballes qu'on faisoit contre luy, il ne s'en soucia point et dit : « Je
« feroy mon devoir et il en arrivera ce qu'il pourra. »

Chancelier, M. de Pisieux, M. le Marquis de La Vieville entrèrent dans la chambre de la reyne mère. Au
commencement M. le Marquis de La Vieville se tint
un peu derrière et puis s'approcha derrière la chaire
du roy. Le roy dit à la reyne qu'ayant recogneu de
très mauvais mesnages dans ses financees, il estoit
resolu de les oster à M. de Schonberg et puis de
regarder diverses personnes pour en choisir une avec
son adviz. — Sur cela M. le Chancelier prit la parolle
et dit que le roy estoit resolu de n'entreprendre une
seulle affaire de conséquence sans son adviz. — La
reyne ayant témoigné n'aprouver pas trop ce changement, le roy opiniastra tousiours et les autres poussè-
rent à la roue; tellement que le roy, avant que partir
de là, escrivit un billet à M. de Schonberg qu'il luy
envoya par M. Tronson, [1] lequel contenoit en substance que pour des raisons importantes à son service
il desiroit qu'il partist le jour mesme de Paris pour aller
en sa maison de Nanteuil et y attendre son commandement ainsy que le S$^r$ Tronson luy diroit, et qu'il
s'asseurast qu'il continueroit tousiours à prendre soing
de luy et des siens. — M. de Schonberg ayant receu

1. Il était secrétaire du Cabinet (J$^{al}$ Heroard II, 288).
(Je n'ai pas d'autres renseignements sur ce personnage qui figure souvent dans
les mémoires comme porteur des ordres du Roi.)

ce billet pria M. de Crequy d'aller trouver le roy pour luy dire [1]....... [2]

M. de Schonberg partit le soir mesme et alla coucher au Bourget, ayant laissé quelques papiers au S[r] d'Andilly [3] ainsy que le roy luy avait mandé de bouche par le dit Sr Tronson qui fut dire à M. de Castille [4], intendant et Conseiller Général et à Mrs de Chevry [5], de Soupes, du Houssay et Le Cler, intendant, qu'ilz ne bougeassent de chez eux et ne fissent aucune function de leurs charges jusques à nouveau commandement.

---

1. Richelieu, 271.

« Il obeit à l'heure même au commandement du Roi et se retira à Nanteuil « d'où il écrivit à Sa Majesté que considérant la fidélité avec laquelle il l'avoit « servie et le bon succès que Dieu avoit donné a ses travaux, il ne pouvoit com- « prendre comment il estoit possible que par ces chemins qui doivent conduire « aux bonnes grâces d'un maitre, il fut tombé en sa disgrâce.

Le Merc. fr. T. IX, p. 424, donne la lettre écrite au Roi.

2. Inachevé.

3. Voy. Arnauld, p. 442.

Le Roi lui commande par Tronson de remettre à Beaumarchais, trésorier de l'Epargne, les papiers que M. de Schomberg lui avait laissés. « Je lui répondis que « le Roi était trop juste pour me faire un tel commandement, s'il eut été informé « du particulier, que ces papiers étaient nécessaires pour la décharge de M. de « Schomberg de plusieurs millions employés dans une si grande guerre ; mais que « retenant les originaux pour sa justification, j'en ferois faire des copies colla- « tionnées qui suffiroient à M. de Beaumarchais, et irois en rendre compte au Roi. »

4. Pierre de Castille, conseiller au grand Conseil (1601), M[e] des requêtes, ambassadeur en Suisse (1611 à 1616), intendant des Finances (1616), contrôleur général en 1619, mort le 24 juin 1629.

Il avait épousé Charlotte Jeannin, fille du Président.

5. Charles-François Duret de Chevry, ancien conseiller au Parlement de Metz et de Paris, fut président des Comptes après son père, de 1637 à 1699, et mourut le 10 janvier 1700 dans sa 86e année.

Fils de Charles Duret de Chevry, président des Comptes, greffier des Ordres du Roi en 1621.

*Sam.* 21. — M. le Garde des Seaux de Caumartin [1] meurt, et le lundy 23ᵉ M. le Chancellier eut les Seaux [2]. Le roy n'avoit point envie de les luy donner; mais on le luy persuada sur l'asseurance que l'on luy donna qu'il les rendroit au bout de quelque temps. A quoy M. le Chancelier trouva aprez des eschapatoires. On tient que le voyage de Picardye ne fut proposé depuis que pour tascher de faire tomber les seaux entre les mains de M. de....... [3] ou de quelque autre de la caballe de M. le Chancellier; mais le roy s'estant porté sur cela à en choisir quelqu'autre qui ne fut point du tout à la dévotion de M. le Chancellier, M. le Chancellier fit rompre le voyage de Picardye.

*Mard.* 24. — Le roy va se promener à July; durant son absence, M. le Marquis de La Vieville se mesla des finances en vertu d'un commandement verbal du roy, et à son retour en eut commission. — M. de Chevry

---

1. Louis Le Fèvre, seigneur de Caumartin, Baron de Saint-Port.

Fils de Jean Le Fèvre, seigneur de Caumartin et de Marie Warlet.

Né en 1552. Conseiller au Parlement le 1ᵉʳ août 1579, Mᵉ des requétes 1585, intendant de Justice de l'armée de Poitou 1588, intendant de Picardie 1590, conseiller d'Etat 1594, garde des Sceaux le 23 septembre 1622, meurt le 21 janvier 1623.

2. A propos du désir de Sillery, d'avoir les sceaux, Richelieu dit, 273 :

« Il semble à son procédé, que les médecins l'aient assuré, que l'huile de cire, « bonne pour les nerfs, lui remettra les jambes. »

Ce n'est pas la seule fois que Richelieu, dans ses mémoires, se livre au calembourg, inscrivant la mort de Duplessis Mornay à la fin de 1623, il ajoute: « Il eut « été heureux, et plus encore le royaume, s'il fut mort-né d'effet comme il en « portoit le nom, et que du ventre de sa mère il eut été porté à la sépulture. »

3. Illisible dans le manuscrit.

fut restably (et M. de Beaucler nouvellement mis). — Tous les autres demeurèrent privez de leurs charges, M. de Champigny eut le controlle général.

*Environ* 28. — La contestation pour préseance dans le conseil se jugea en faveur de M^rs les Cardinaux contre M. le Chancellier. M. le Cardinal de La Rochefoucault [1] fut cause de tout ce differend, lorsqu'il eut à prendre la place comme ministre; car M. le Cardinal de Retz s'estoit acommodé plus aisément.

*Environ* 29. — Une barque chargée de bois à brusler et de IIII m. pieux [2] que M. Arnauld [3] avoit acheptez pour le fort ayant esté conduite à La Rochelle, le

---

1. François de La Rochefoucauld, cardinal de Sainte-Calliste, évêque de Clermont et de Senlis, abbé de Sainte-Geneviève, grand aumônier de France, commandeur des Ordres du Roi. Né le 8 décembre 1558, mort le 14 février 1645,

Fils de Charles de La Rochefoucauld, comte de Randan et de Fulvie Pic de la Mirandole.

2. Richelieu, 272.

« Les Rochelois faisoient de grandes instances au sieur Arnauld que le Roi « avoit laissé gouverneur du Fort-Louis qu'il le fit démolir suivant ce qui « avoit esté promis par le traité de paix dont ils lui envoyèrent la copie. A quoi « il fit des réponses pour gagner temps et cependant travaillait sans cesse pour « se mettre en état de ne pouvoir être forcé. Ils saisirent une des barques pleine « de deux mille pieux.

Pag. 273 : « Enfin le courage d'Arnauld prévalut à la faiblesse des ministres qui, « de prime abord lui avoit mandé qu'il fit démolir cette place. »

Pour la démolition du fort, v. Griffet, hist. de Louis XIII. T. I. p. 402.

3. Oncle de l'auteur du journal. Mestre de camp des carabins, mort le 14 septembre 1624, âgé de 44 ans, dit le Merc. X. 784, en donnant son épitaphe.

Voy. Tallemant III, 102, Ed. P. Paris : « On appelait cet Arnauld, Arnauld du « Fort, parce que ce fut luy qui s'avisa de proposer de faire le fort Louis pour « incommoder ceux de La Rochelle, il en fut le capitaine. »

Voy. mém. d'Andilly, p. 444. Comment la famille perdit ses charges, sans récompense. Il avait dépensé 70,000 écus de son bien au service du Roi.

Conseil des 48 contre l'adviz des principaux de la ville fut d'advis de la retenir. Sur cela M. Arnauld escript au maire et faict escrire un Commissaire de l'artillerie, affin de tesmoigner comme les IIII m. pieux n'estoient que pour fermer les poudres. Le maire respond des civilitez à M. Arnauld et se remet au corps de ville qui luy mande ne luy pouvoir renvoyer ses pieux (qui ne peuvent avoir esté acheptez qu'à mauvais dessein) jusques à ce que le roy ayt esté informé, qu'elle (sic) ayt faict un commandement bien exprez et envoyé des Commissaires pour ce subject. En mesme temps M. Arnauld expédie l'ordonnance qui est ainsi : Il est ordonné à telz (c'estoient des sergens de 16 compagnies de son régiment) d'aller chacun avec tant de soldatz (il y en avait 30 de chasque compagnie) ez environs de La Rochelle pour saisir à force d'armes les personnes, bestiaux et autres choses qu'ilz trouveront apartenir aux Rochellois et non autres, en représailles des pieux et bois qu'ilz nous ont arrestez contre la paix et qui estoient destinez pour la conservation des poudres du roy, avec très expresses deffences ausdits telz de prendre aucune chose non appartenant ausdits Rochellois ny de tumber vifs entre leurs mains sur peine de rigoureuse punition. Faict au fort Louis etc......

Aussy tost aprez ceste ordonnance expédiée, tous ces soldatz et les carabins de la compagnie de M. Arnauld

allèrent courre jusques aux portes de La Rochelle, amenèrent au fort quantité de prisonniers, de bestail et
d'autres choses. Mrs de La Rochelle envoyent un courrier au Roy et escrivent à Sa Majesté pour se plaindre
de ceste procédure, et le premier febvrier envoyent
Mrs Meyronneau et Du Prat à M. Arnaud et luy escrivent
pour le prier de faire réparer toutes ces violences. M. Arnauld leur fit ceste reponce de bouche : « J'ai plus de
regret que vous tous du mal qui s'est faict depuis deux
jours, sy mal on doibt nommer une représaille fondée
sur un subject sy légitime. De toutes les insolences
particulières de vos habitans, j'en ay faict peu de
compte, chascun ayant à se ressentir de son desplaisir
privé, encor l'empescheray je. Mais de souffrir que par
deux conseilz différends vous ayez ordonné la retention
de notre bois et de nos pieux, je croy que mon impatience en ce subject est plus raisonnable que votre
prière. J'aymerois beaucoup mieux remettre le fort au
roy que de le tenir à ces conditions, et sy jusques icy
je n'ay faict tirer son canon, ce n'a pas esté pour
espargner votre ville, mais c'est que j'espère vous faire
assez de mal sans consommer nos poudres, et aussy
que la crainte d'assommer voz plus gens de bien m'en
a faict attendre le commandement de Sa Majesté. »

Les dits Mignonneau et du Prat s'en retournèrent
avec ceste reponce. Cependant les actes d'hostilité de

M. Arnauld continuèrent tousiours contre les Rochelois, qui se voyans extrêmement pressez n'eurent la patience d'attendre la responce du roy et retournèrent à M<sup>rs</sup> du Présidial de la Rochelle pour les supplier de s'interposer, affin d'accommoder ce différend. M<sup>rs</sup> du Présidial députèrent donc sur ce subject M<sup>rs</sup> de La Morinière et de La Jarrie, deux conseillers de leur siège, et escrivirent à M. Arnauld (pour scavoir s'il auroit agréable de les voir) une lettre extrémement honeste, à laquelle il rendit une pareille responce. Ensuite de cela M<sup>rs</sup> de La Morinière et de La Jarrie furent au fort le 2<sup>e</sup> febvrier et demandèrent très honestement, mais simplement, cessation sans rendre les pieux. Ce qui leur fut entièrement reffusé par M. Arnauld, lequel néantmoins leur rendit tout le respect qui luy fut possible. Le lendemain 3<sup>e</sup> febvrier ilz revinrent encor au fort et aprez plusieurs propositions s'en retournèrent résoluz de ne se plus mesler de ce différend, sy ceux de la ville ne rendoient les pieux sans rien prétendre aux restitutions des représailles ; ce qu'ilz persuadèrent à la fin à ceux de la ville, à condition seullement que M. Arnauld relascheroit tous les prisonniers ; ce qu'il fit le VI<sup>e</sup> febvrier (aprez que les Rochellois luy eurent envoyé tout son bois et tous ses pieux) soubz la caution de M<sup>rs</sup> du Présidial de les représenter toutes les fois que le roy le commanderoit. M. Arnauld leur fit rendre tout leur équipage ;

et entr'autres prisonniers estoient M. de Lorière, de la maison de ville, Pigne de Maison de Maire et trois autres des principaux des derniers pris. Ceux du peuple furent bien aises d'avoir la liberté et le vice admiral de Zélande avec trois capitaines de navires et quantité de mathelotz avoient esté renvoyez dez le mesme jour qu'ilz furent arretez. Tous les navires de la rade s'estoient esloignez.

J'ay une coppie de toutes les lettres et de tout ce qui s'est passé sur le subject cy dessus.

Ayant été expédié un brevet (on tient que M. le Chancelier en a esté cause), portant que M^rs des Cours Souveraines ne prendroient leur séance dans le Conseil que du jour qu'ils se seroient desfaictz de leurs offices et non du jour de leur serment, M^rs de Préaux et de Bulion, en faveur desquelz principallement ceste affaire estoit faicte vinrent de bonne heure au Conseil, et M^rs de Beaumont, Menardeau, Archevesque de Bourges [1] et.....[2] (qui avoient accoustumé de soir au dessus d'eux) voulurent reprendre leurs places ordinaires ; ce que les autres refusèrent.

---

1. Roland Hebert, archevêque, de 1622 à 1638.
2. Mot illisible.

# FEBVRIER 1623

*Environ le dernier febvrier.* — M. de Valencé [1] arreste M. de Rohan [2] à Montpellier, le faisant garder par des soldatz et des corps de garde dans son logis.

Le roy mande à M. à M. de Valencé qu'il laisse aller M. de Rohan. M. de Soubize prit l'alarme à Paris, scachant la prison de son frère ; mais il demeura sur la parolle de M. le duc de Chevreuse.

---

1. Jacques d'Estampes, seigneur de Valançay-d'Happlaincourt, né le 28 novembre 1579.

Fils de Jean d'Estampes, seigneur de Valançay et d'Estiau, conseiller d'Etat et de Sara d'Happlaincourt, chevalier des Ordres le 31 décembre 1619, lieutenant-colonel de la cavalerie légère de France, gouverneur de Montpellier, puis de Calais. Mort à Boulogne, le 21 novembre 1639.

Sa sœur Charlotte d'Estampes, née le 21 juillet 1597, fut la seconde femme de Pierre Brulart, vicomte de Puisieux.

2. Voy. Richelieu I, 274.

« M. de Valançay qui est gouverneur de la place l'envoya prier de s'en « absenter ; à quoi led. Duc de Rohan n'ayant voulu déférer, mais y estant « venu, il s'assura de sa personne. »

La relation du Merc. IV, 436, confirme l'avis donné à Rohan de ne pas venir à Montpellier.

Voy. P. Griffet, T. I, p. 405, pour l'arrestation de Rohan.

« Le récit du Mercure ne s'accorde pas avec celui de Rohan, on y voit « que le sr de Valencé écrivit à ce duc de ne pas venir à Montpellier que sa pré- « sence pourroit y causer une sedition. Rohan ne laissa pas de s'y rendre pour « empêcher qu'aucun catholique ne fut élu consul, c'est ce qui détermina le sr « de Valencé à lui donner des gardes et à l'arrêter prisonnier dans sa maison. »

2

# MARS 1623

*Environ 1ᵉʳ mars.* — M. le Prince de Galles [1] passe incognu par Paris [2] et va en Espagne, acompagné du comte de Bouquinquan.

Le Meydlord des Hayes [3] vient faire des excuses au roy de la part du roy d'Angleterre.

*Jeud.* 16. — Le roy tient un conseil au Louvre, où estoient tous les Grands. M. de La Vieville haranga pour représenter la nécessité des finances et dit qu'il n'y

---

1. Fils de Jacques Iᵉʳ et de Anne de Danemarck, né le 29 novembre 1600, créé Prince de Galles en 1616, Henri, son frère ainé, étant mort en 1612. Il succéda à son père, sous le nom de Charles Iᵉʳ en 1625 et fut décapité le 30 janvier 1649.

2. Voy. Mercure fr. IX, 430. Brienne Mich. et Pouj. 27, Richelieu I, 277, Fontenay Mareuil 178.

« Le Prince de Galles accompagné du duc de Bouquingand, favory du Roi
« son père et qui alloit en Espagne avec prétention d'y épouser l'infante, s'estant
« trouvé à Paris, il vist le ballet du Roi, mais comme il ne vouloit pas estre
« connu, et que luy et les siens, de peur de cela prirent des noms dont on n'avoit
« jamais ouy parler, ils eussent été mal placés, sans que M. de Réaux, qui avoit
« été Gouverneur du Roy, trouvant le Duc de Bouquingand, qui faisoit le maistre,
« de sy bonne mine, qu'il prist soin de le faire mestre en bon lieu d'où ils peurent
« voir toutes choses commodément, et Madame en particulier que le Prince
« remarqua sy bien qu'il s'en souvint quand il en fust temps. »

Madame est Henriette Marie de France qu'il épousa le 22 juin 1625.

Ce n'est pas le ballet du Roi que vit le Prince de Galles, mais le ballet de la Reine *Les Bacchanales*. Le Merc. fr. IX, 430 donne les vers du ballet.

3. James Hay, baron Hay, puis vicomte Doncaster, enfin marquis de Carlisle, mort en 1636. Venu avec Jacques Iᵉʳ, il fut le premier Écossais créé pair anglais. Employé dans plusieurs ambassades, principalement en France, il négocia le mariage du Prince de Galles avec Madame Henriette.

pouvait remédier sy tous les Grands ne luy donnoient du temps sans luy parler de leurs pensions. Le roy luy demanda combien il luy fallait de temps ; il répondit 9 mois (ou un an). Le roy luy dit qu'il se contentast de 6 mois ; il respondit que c'estait bien peu, mais que puisque Sa Majesté le luy commandoit, il y satisferoit.

*Mard.* 21 — M. le Président Jeannin meurt [1].

---

1. Richelieu 1, 279, dit qu'il mourut des tracas qu'on lui faisait à l'occasion du mariage de sa petite-fille.

« Jeannin dit à Bullion que le Chancelier et son fils estoient des méchants et « des voleurs qui lui vouloient faire acheter la liberté de son beau-fils par la « perte de sa petite-fille. On ne sauroit assez dire de ses louanges, jamais il n'em- « brassa plus d'affaires qu'il n'en pouvoit expédier, jamais il ne flatta son maître, « ne mêla jamais ses intérêts parmi les affaires publiques. Ce Prud'homme estoit « digne d'un siècle moins corrompu que le nostre où sa vertu n'a pas esté estimée « selon son prix.

Voy. Malherbe, lettre à Racan, T. IV, p. 16, Ed. Hachette :

« Vous pouvez penser comme feu M. le Président Janin et M. de Castille son « gendre, sont regrettés. L'un est hors du monde, et l'autre hors des affaires, « tellement que tout ce que saurais dire d'eux, ne peut être soupçonné de flatterie, « mais il faut avouer que si les finances ont jamais été religieusement et judi- « cieusement administrées, ça été entre les mains de ces deux grands personnages. »

Jeannin (Pierre) né à Autun en 1540. Avocat-gouverneur de la Chancellerie de Bourgogne 1573. Député aux Etats de Blois 1576. Conseiller au Parlement de Dijon 1579. Créé Président à mortier par Henri IV. Il sert le Duc de Mayenne, est envoyé par lui à Philippe II 1591. Défend Laon 1594. Participe aux traités de Vervins et de Savoie 1598. Conseiller d'Etat. Intendant des Finances. Ambassadeur en Hollande 1607-1609. Meurt, selon les biographes, le 31 octobre 1622.

Les biographes, suivant l'inscription de son tombeau, reproduite par Foisset dans la notice en tête des négociations du Président Ed. Mich. et Pouj. le font mourir en 1622, ce doit être une erreur du graveur, on a des lettres de lui, datées de 1623. Richelieu inscrit sa mort dans l'année 1623, et aussi le Mercure Français, T. X, 32, et ajoute : « En même temps le Duc de Bouillon d'esprit bien dissem- « blable au Président Jeannin finit ses jours. Bouillon étant mort le 25 mars 1623, la date du 21 mars donnée par Arnault, est confirmée.

Selon les biographes il aurait été envoyé en Hollande à l'âge de 67 ans. Saumaise qui l'accompagnait et nous a transmis les détails de ce pénible voyage lui donne 72 ans et aussi le Mercure Français, T. X, p. 30. On s'est trompé, dit sainte Beuve sur la date de sa mort, on peut s'être trompé sur la date de sa naissance. Voy. Causeries du Lundi, T. X, p. 131 à 180, Etude sur Jeannin. Ed. in-12 Garnier frères.

*Samed*. 25. — M. de Bouillon, meurt [1].

*Mercred*. 29. — Combat de M. de Candalles [2] et de M. de Schonberg [3], M. de Candalles ayant esté receu en survivance de M. d'Espernon ez gouvernemens de Limouzin, Angoumois et Xaintonges se tint extrêmement offensé de ce que M. d'Espernon entrant en celluy de Guyenne, on les avoit donnez à son préjudice à M^rs de Schonberg et de Praslain ; et le roy estant à Moyrans au retour de Grenoble, un gentilhomme de M. de Candalles nommé Castillon, vint trouver M. de Blainville [4] de la part de son maistre pour luy demander

---

1. Henri de La Tour, Vicomte de Turenne, Duc de Bouillon, Prince de Sedan et de Raucourt, dit le maréchal de Bouillon.

Fils de François de La Tour, 2^me du nom et d'Eléonore de Montmorency.]

Né le 28 septembre 1555, Maréchal de France le 9 mars 1592, il mourut le 25 mars 1623.

C'est le père du grand Turenne.

2. Henri de Nogaret de la Valette, Duc de Foix. Comte de Candalle, captal de Buch, Duc d'Hallwin.

Fils de Louis de Nogaret. Duc d'Epernon et de Marguerite de Foix, comtesse de Candalle et d'Astarac.

Il avait obtenu en 1621 des lettres patentes du Roi pour pouvoir se qualifier Duc de Candalle. Il mourut après avoir vécu plusieurs années à l'étranger, le 11 février 1639.

3. Voy. Richelieu I, 273. Merc. fr. iX, 427. Brienne p. 26 et 27 :

« Schomberg fut appelé en duel par le duc de Candale. Le second du duc « ayant été tué sur la place, Schomberg qui avoit l'avantage du combat en usa en « brave gentilhomme et blâma Pontgibaud son neveu, qui le servoit, qui le pres- « soit de s'en prévaloir. »

4. Jean de Varigniez, seigneur de Blainville. Chevalier des Ordres (1619). Conseiller d'Etat ; premier gentilhomme de la Chambre du Roi (1622 à 1628). Maître de la Garde Robe (1620). Lieutenant au gouvernement et bailliage de Caen. Ambassadeur en Angleterre (1615). Mort à Issy, près Paris, le 23 février 1628.

A sa mort sa charge de 1^er gentilhomme fut donnée au Père de S^t Simon, l'auteur des Mémoires.

conseil de ce qu'il avoit à faire. M. de Blainville conduisit l'affaire en sorte que M. de Candalles saluant le roy, Sa Majesté luy dit qu'en le servant bien et se rendant digne de ses bienfaitz, il s'en pouvoit promettre telz que ceux de sa qualité en debvoient attendre de luy. En suite de cela, les amiz de M. de Candalles esperèrent de luy faire obtenir recompence, et l'on avoit parlé de la charge de Colonel en Holande de M. de Chastillon, qui vault 35,000 livres. Ainsy on croyait le differend de M. de Candalles vers M. de Schonberg (pour lequel on tient que M. de Candalles, venant à la Cour, avoit dit qu'il feroit appeller M. de Schonberg) assoupy ; lors que le lundy 27ᵉ Mars M. le Comte de Pontgibault [1], revenu de Nanteuil et estant dans le Cabinet du roy où estoit M. de Candalles, comme quelqu'un luy demanda d'où il venoit, il respondit qu'il venait de Nanteuil dire adieu à M. de Schonberg, et, comme on luy redemanda ce que M. de Schonberg faisoit, il respondit qu'il attendoit des nouvelles.

M. de Candalles oyant cela, creut estre obligé de répartir et luy demanda de qui M. de Schonberg atten-

---

1. Roger de Daillon, comte de Pontgibaud, fils de François de Daillon, comte de Lude, marquis d'Illiers, seigneur de Pontgibaud et de Françoise de Schomberg, sœur de Henri de Schomberg, né le 13 octobre 1601. Tué en duel par le comte de Chalais, en 1626.

Voy. Tallemand III, 193, Ed. P. Paris :

« Comme Pontgibaud revenoit de la campagne en grosses bottes, Chalais luy « fit mettre l'espée à la main sur le Pont-Neuf et le tua. »

Pontgibaud était neveu de Schomberg par Françoise de Schomberg, sa sœur, femme de François de Daillon, comte de Lude, seigneur de Pontgibaud.

doit des nouvelles ; il respondit « du roy et de ceux qui luy en voudront faire scavoir ». M. de Candalles répliqua « Ceux qui luy en voudront faire scavoir le scauront bien faire, lorsqu'il sera temps. » M. de Pontgibault respondit que M. de Schonberg seroit tousiours prest à satisfaire ceux qui désireroient quelque chose de luy et qu'il s'asseuroit de le faire voir en estat d'homme de bien. Le lendemain, M. de St Michel Saldagne dit à M. de Pontgibault que M. de Candales, auquel il avoit promis de faire voir M. de Schonberg l'espée à la main s'en iroit le soir mesme coucher auprez de Dampmartin, qu'il allast en advertir M. de Schonberg et que luy St Michel seroit ledit jour du lendemain à 7 heures du matin à Nanteuil pour l'aller appeler. M. de Pontgibault luy promit de le faire et qu'à cela il n'y auroit point de mancquement, et de là s'en allant chez la reyne, il y trouva M. de Candalles auquel il dit qu'il le remercioit très humblement de l'honneur qu'il luy avoit faict de s'estre fié en luy de la conduite de ceste affaire ; mais qu'il s'asseurait de luy faire voir M. de Schonberg. M. Candalles luy respondit que puisque M. de St Michel luy avoit parlé, il n'avoit rien à luy dire, sinon qu'il s'asseurast que la chose se passeroit très franchement de son costé. M. de Pontgibault lui réplicqua qu'aussy feroit elle asseurement de l'autre ; et l'après disnée mesme s'en alla à Nanteuil, où trouvant M. de Schonberg à la chasse, il luy parla à l'escart et luy conta tout ce qui s'estoit passé. M. de Schonberg luy dit qu'il se vouloit battre sans second ; sur quoy M. de Pontgibault luy respondant qu'il avoit désja lyé la partye et que ce seroit le déshonorer, M. de Schonberg, voyant qu'il n'y avoit aucun moyen de l'en empescher, luy dit qu'il en seroit donc, mais qu'il se gardast sur la vye d'en parler à qui que ce fust du monde et luy avouast franchement s'il n'en avoit point desja parlé à quelqu'un. M. de Pontgibault luy dit qu'il n'en avoit parlé qu'à M. de La Beausseraye, duquel il s'asseuroit entièrement et qui estoit nécessaire pour attendre M. de St Michel et l'amener parler à M. de Schonberg. Aussy tost M. de Schonberg tira à part M. de La Beausseraye et luy dit que, si quelqu'un descouvroit par luy chose quelconque de ceste affaire, il luy juroit sur son honneur qu'il le tueroit. Beausseraye le luy promit à condition que, s'il falloit un tiers, il n'en prendroit point d'autre que luy; ce que M. de Schonberg luy promit.

Le soir, M. de Schonberg fit plus le guay que jamais et joua du picquet, aux testons jusques à xi heures du soir. Le Comte de Pontgibault dit tout hault qu'il vouloit s'en retourner de bon matin à Paris, et Mr de Schonberg dit qu'il vouloit aller voir pescher un estang et que l'on luy tinct deux chevaux prestz. Le lendemain matin 29e, M. de Pontgibault estant levé de bon matin se mit à jouer au billar dans la gallerye avec M. de Villemorin, et M. de St Michel estant arrivé à 7 heures, M. de La Beausseray, qui l'attendoit devant le logis, l'amena à M. de Pontgibault qui dit à M. de Villemorin que c'estoit un gentilhomme que le roy envoyoit à M. de Schonberg pour lui dire quelque chose de sa part et qu'il le luy alloit mener. — Estans donc ainsy entrez, M. de Pontgibault et M. de S$^t$ Michel dans Le Cabinet de M. de Schonberg qui les attendoit et avoit désja faict son testament qu'il avoit mis dans sa boueste, M. de S$^t$ Michel luy dict que M. de Candalle le désiroit voir l'espée à la main et l'attendoit dans le village de [1] ..... près Dompmartin à [2] ..... lieues de là, où il avoit couché. M. de Schonberg luy demanda comment il se vouloit battre, il respondit que c'estoit à pied à l'espée et au poignard. M. de Schonberg ouvrit une armoire où il y avoit plusieurs espées, et en prit une assez longue que M. de S$^t$ Michel luy dit estre de la longueur de celle de M. de Candalles. M. de Pontgibault et M. de S$^t$ Michel prirent dans ceste armoire chacun un petit poignard. Aprez, M. de Schonberg dit à M. de S$^t$ Michel qu'il s'en retournast par la grande porte par où il estoit venu et l'allast attendre derrière les murailles du parc. — M. de Schonberg et M. de Pontgibault estans descenduz à l'escurie trouvèrent les deux chevaux scellez, commandez dez le soir, et un gentilhomme de M. de Schonberg, nommé La Grange qui s'estoit levé matin s'y estant rencontré, et voulant suivre M. de Schonberg, M. de Schonberg lui dit qu'il

---

1. En blanc dans le manuscrit.
2. En blanc dans le manuscrit.

alloit parler à un gentilhomme que le roy lui envoyoit, qu'il se gardast bien de le suivre et empeschast que personne ne le suivist. M. De La Grange respondit : « Monsieur, est ce bien cela aussy » — M. de Schonberg réplicqua : « Vous estes bien plaisant et que seroit ce donc ? ». M. de Schonberg avoit pris un long manteau de deuil affin de cacher son espée qu'il poussoit en bas quand M. de La Grange estoit devant luy et levoit en hault quand il estoit derrière luy. — Aprèz il commanda à de More l'un de ses valletz de chambre, de prendre une espée (qu'il portoit d'ordinaire, et de le suivre).

Estant dans le parc, il fit oster des espines qui estoient viz à vis de quelques bresches et par là, quand il arriva au bout des murailles du parc, il trouva M. de Sᵗ Michel et s'en allèrent ainsy tous en riant et causant. M. de Schonberg ayant demandé par le chemin à M. de Sᵗ Michel pourquoi M. de Candalles se prenoit plustost à luy qu'à M. le Maréchal de Praslain, il respondit qu'il croyoit à son advis que c'estoit pour ce qu'il croyoit acquerir plus d'honneur avec luy qu'avec nul autre. — Estans arrivez près de [1] ..... M. de Sᵗ Michel dit à M. de Schonberg que M. de Candalles estoit dans le village. M. de Schonberg lui respondit qu'à cause qu'il estoit fort cogneu en ce pays là, il valloit donc mieux qu'il l'allast querir et l'amenast, que cependant il choisiroit quelque belle place pour se battre. M. de Sᵗ Michel

---

1. En blanc dans le manuscrit.

s'en alla donc. Cependant M. de Schonberg dit à de
More que, s'il estoit tué, on le portast à Nanteuil et que,
dans sa boueste dont il lui bailla la clef, on trouveroit
un pappier où estoit escript tout ce qu'il désiroit que
M. d'Halluin, son filz, [1] fist aprez sa mort, que, s'il
n'estoit que blessé, on le portast à Dampmartin, affin
qu'il peust estre pensé par Lyroi son chirurgien qui
debvoit le jour mesme revenir de Paris en carrosse.
Incontinent aprez, M. de Candalles et M. de S<sup>t</sup> Michel
vinrent, et aprez que M. de S<sup>t</sup> Michel eut visité M. de
Schonberg et M. de Pontgibault M. de Candalles, M. de
Schonberg dit à M. de Candalles : « Monsieur, je vous
« supplie très humblement que ces Messieurs ne se
« battent point. Ilz ont faict tout ce que des gens de
« bien debvoient faire. » M. de Candalles dit qu'il le
vouloit bien et pria M. de S<sup>t</sup> Michel de ne se point
battre ; à quoy il respondit et M. de Pontgibault aussy
que cela ne se pouvoit. Aprez, M. de Schonberg dit :
« Monsieur, voulez vous pas que nous nous battions
en gens de bien et que celuy qui aura le premier faict
n'ayde point à son compagnon ?» M. de Candalles dit
qu'il le vouloit bien. Aprez s'estans esloignez environ

---

1. Charles de Schomberg, duc d'Hallwin, fils de sa première femme Claude
d'Épinay. Pair et maréchal de France. Mort le 6 juillet 1656.

Il était duc d'Hallwin par son mariage avec Anne d'Hallwin en 1620. Louis
XIII, par lettres du 9 décembre 1620, enregistrées le 20 février 1621, avait accordé
que le Duché-pairie fût continué sur la terre de Maignelais, sous le nom d'Hallwin, pour eux et leurs enfants mâles.

Ils moururent sans enfants et le Duché-pairie s'éteignit.

50 pas de leurs seconds, ils ostèrent leurs pourpoinctz ;
ce qu'estant faict, M. de Candalles voulut aussy oster
une camisole qui l'incommodoit et l'osta ; puis se mit
en une telle garde sur le pied gauche que la garde
de son espée et la coquille de son poignard le cou-
vroient entièrement. M. de Schonberg luy allongea
10 ou 12 estocades de suitte, sans que M. de Candalles
luy en allongea quasy aucune. M. de Candalles demandant ensuitte de reprendre haleyne, ilz la reprirent.
Cependant M. de St Michel pressoit M. de Pontgibault,
lequel tumba (il dit que ce ne fut que sur un genouil et
les amis de M. de St Michel disent qu'il tumba tout à
faict). M. de St Michel ne le voulut pas frapper ; mais ilz
se colletèrent en sorte que M. de St Michel avoit son
poignard contre le ventre de M. de Pontgibault, et
M. de Pontgibault le sien contre la gorge de celluy de
M. de St Michel.

Ayans demeuré quelque temps en cest estat, ilz
dirent : « Quictons nous » et recommencèrent. Comme
ilz se remettoient en présence, M. de Schonberg (qui
avec M. de Candalles reprenoit lors haleyne) leur dit :
« Ne vous battez plus ; c'est assez ! » M. de St Michel
cria alors : « Je l'ai peu tuer à terre ! » M. de Pontgibault respondit très hault : « Il n'en est rien ». Lors
M. de Schonberg et M. de Candalles recommencèrent
aussy, et M. de Schonberg, allongeant plusieurs estocades, blessa M. de Candalles au bras. Cependant M. de
St Michel, aprez quelques estocades qu'il eut allongées,

s'habandonna à en allonger une fort grande, laquelle ne porta pas, et M. de Pontgibault luy porta en parant un petit coup dans le costé, dont M. de Sᵗ Michel tumba et mourut incontinent aprèz. M. de Pontgibault ne luy donna aucun autre coup et prit son espée, puis s'en alla à M. de Schonberg et cria en arrivant, parlant de M. de Candalles « Il fault qu'il en meure ! » M. de Candalles, le voyant venir, s'estoit un peu retiré, et l'entendant dire cela, dit à M. de Schonberg : « Monsieur, vous scavez ce que nous nous sommes promis ; que, quand l'un auroit faict, il n'ayderoit point à l'autre. » M. de Schonberg respondit : « Monsieur, vous me trouverez en tout homme de bien et de parolle », et à l'instant cria à M. de Pontgibault qu'il se retirast, et, comme il redist encores pour la seconde fois : « Il le fault tuer ! » M. de Schonberg, se mettant en colère, se tourna vers luy et luy dict : « Mon neveu, sy vous ne vous retirez, je vous frapperay », et dit à M. de Candalles : « Monsieur, je vous respons que vous estes icy en pareille seureté que sy vous estiez chez vous. Alors M. de Candalles dit qu'il désiroit extrêmement d'aller voir son amy. M. de Schonberg et M. de Pontgibault l'y laissèrent donc aller et ne s'aprochèrent pas du corps. M. de Schonberg demandant aprez à M. Candalles ce qu'il vouloit devenir, il luy respondit qu'il luy conseilloit de s'en aller à Nanteuil sans s'arrester davantage ; ce que M. de Schonberg m'a dit qu'il croyait que M. de Candalles luy conseilloit par ce que dans le village de [1] .... estoit M. de Rieur qu'il avoit amené, sy d'avanture il luy eust fallu un tiers, et qu'il croyoit, comme il advint, que plusieurs y courroient arrivés de Paris. Aussy M. de Schonberg et M. de Pontgibault s'en revinrent.

M. d'Haluin estant sorty de Nanteuil avec quelques gentilzhommes sur le bruit de la sortye de M. de Schonberg se pensa brouiller avec quelques gentilzhommes de M. de Candalles et M. le comte de Maillé.

Ce mesme jour, 29 Mars, M. de Bouteville Montmorency ayant rencontré M. de la Contour sur le chemin de Nanteuil qui contoit comme le combat s'estoit passé, il dit qu'il ne le croyoit pas, et s'estant picquez sur cela se battirent vers le Bourget. M. de la Contour estant tombé, M. de Bouteville usa très civilement de son advantage, et deviendrent bons amiz.

## AVRIL

*Sam.* 1<sup>er</sup>. —

*Jeud.* 6. — Le roy arrive à Fontainebleau, d'où il alloit souvent à Mallés Herbes et autres lieux à la chasse au reynard avec des chiens courans en des voyages de 3, 4, 6 et 8 jours, menant seullement avec luy ceux de

---

1. En blanc dans le manuscrit.

ses petitz plaisirs et sa compagnie de mousquetaires à cheval qu'il affectionne extrêmement et à laquelle il faict faire garde devant son logis aux lieux où il va, et ne fut de retour de Fontainebleau à Paris que le XXVIIe Juin.

*Environ* 30. — Résolu dans le conseil estroict que nul homme n'iroit plus chez la reyne qu'avec le roy [1], ce que le roy pria la reyne sa mère de luy dire. On jugea que ce fut une grande faulte de traicter ceste affaire de la sorte, puisqu'elle se pouvoit faire doucement entre le roy et la reyne du mouvement de laquelle il eust paru que cela eust procédé. Mais la reyne fit une autre grande faulte en tesmoignant que cela la faschoit.

---

1. Voy. Richelieu I, 276 :

« Il ne suffit pas de séparer le fils d'avec la mère ; ils tâchent (le Chancelier « et Puisieux) de jeter le divorce dans le mariage. On donne au Roi de mauvaises « impressions de sa femme. Il vient un matin avec un visage tout interdit, éveiller « la Reine sa mère pour lui conter ses douleurs. La Reine ne sachant d'où pouvoit « venir cette nouvelle, ni quel en étoit le fondement, se tient en état de dissiper « la croyance que le Roi en avoit, et lui représenter que s'il y avoit quelque chose « qui lui déplut en ses actions, c'était plutôt facilité que malice, un défaut qu'un « crime. Le lendemain il lui parle encore de la même affaire et témoigne l'avoir « à cœur, jusque là qu'il déclara en vouloir faire parler à sa femme par sa 1re « femme de chambre. La Reine-mère le voyant ému le pria de ne la point com- « muniquer à personne, que peut être ne la tiendroit pas secrète et qu'elle aimoit « mieux se charger elle-même d'en dire ses sentiments. Le Roi en témoigna une « joie extrême. Elle le pria sur cet avis de prendre garde que ce ne fut un dessein « de l'empêcher d'avoir des enfants. Elle parle à la Reine sa fille, elle les fait « parler tous deux ensemble ; l'affaire se termine heureusement et au gré des « parties. »

Voy. P. Griffet I, 407-409. (pour la jalousie du Roi.)

# MAY

M. le Procureur Général[1] estant allé par commandement du roy à Fontainebleau touchant quelques edictz,
et sa Majesté ne lui ayant voulu donner moyen de la
voir, à cause qu'elle alloit à la chasse en un petit voyage,
il s'en revint à Paris sans vouloir attendre, dont Sa Majesté fut fort offencée, et M. le Chancelier duquel il
n'avoit pris congé fort picqué. On disoit que l'on[2] fulmi-
neroit contre luy et néantmoins lorsqu'il retourna, le
roy luy fit extrêmement bonne chère.

Mrs du Parlement ayant esté trouvé le roy pour luy
faire remonstrance sur des edictz[3], M. le Chancelier,
qui croyoit qu'ilz parleroient fort hardiment, avoit
préparé le roy à leur faire une responce fort rude, et
s'estant rencontré qu'ilz parlèrent fort respectueusement,

---

1. C'est le fameux Mathieu Molé, procureur général de 1614 à 1641, sauf une
courte interruption en 1632. Richelieu avait voulu faire juger par une Commission le maréchal de Marillac et son frère le garde des Sceaux. Molé, malgré la
défense de Richelieu, accueillit la requête du maréchal afin d'évoquer le procès au
Parlement, et le cardinal fit rendre un arrêt du Conseil qui interdit Molé de ses
fonctions. Molé parut devant le Conseil qui le réintégra.

2. On, indéterminé, pourrait bien désigner Richelieu.

3. Je crois qu'il s'agit des lettres patentes accordées au duc de Rohan pour la
jouissance du Duché de Valois que Molé, malgré les commandements réitérés du
Roi, refusait de faire enregistrer. Voy. lettre du Roi à Molé du 27 avril 1623.
Mém[res] de Molé publiés par la Sté de l'Histoire de France, T. I, p. 291, 1855.
Renouard.

le roy ne laisse pas de leur faire la mesme responce à laquelle il s'estoit préparé, et M. le Chancelier ensuitte leur respondit fort aigrement; ce qui offencea fort M$^{rs}$ du Parlement et estonna extrêmement tout le monde.

M. le marquis de La Viéville vend 85,000 livres à M. de Gordes sa charge de cappitaine des gardes.

*Dim.* 14. — Le roy donne à M. le Connestable de Lesdiguières le gouvernement de Picardye et en donne la survivance au filz du feu connestable de Luynes.

M. de Bouteville [1], M. de Balagny et M. de Saldagne se battent, auprez de Meudon, contre M. le baron de Vaillac, M. de Genlis et... [2] M. de Balagny et M. de Genlis ne se firent rien ; M. de Saldagne pressa extrêmement... [3] le fit fort reculer et lui porta un coup dans la chemise. M. de Bouteville estant blessé dans la cuisse et M. de Vaillac estant tumbé devant luy, après luy avoir jetté son chapeau aux yeux, ce qui a esté fort blasmé, luy donna la vye et alla séparer les autres.

---

1. François de Montmorency, seigneur de Bouteville, comte, souverain de Luxe.

Fils de Louis de Montmorency, vice-amiral de France et de Charlotte Catherine de Luxe.

C'est le fameux duelliste exécuté en Grève, le 22 juin 1627 pour le duel de la place royale.

Son fils, né posthume, fut le célèbre maréchal de Luxembourg.

2. En blanc dans le manuscrit.

3. En blanc dans le manuscrit.

# JUING

*Jeu.* 1<sup>er</sup>. —

*Merc.* 7. — L'affaire de Saumur [1] accommodée. Le faict est que le roy, voulant oster Saumur au comte de Sault qui l'avoit eu comme en attendant, lorsque le roy en sortit M. du Plessis et en oster aussy M. d'Aiguebonne, lieutenant dans la place, lequel méritoit bien de l'avoir en chef, on creut qu'asseurément Sa Majesté donneroit le gouvernement à la reyne mère et tient on que M. de Pisieux luy en fit donner espérance ; néantmoins cela fut changé et le roy ayant pris résolution d'y envoyer M. de La Brousse, exempt des Gardes, la reyne désira que l'on mit dans la commission pour servir en la place soubz son authorité d'elle comme·gouvernante de la Province, ainsy que l'on avoit faict cy devant pour le Château Trompette, pour Pontorson et quelque autre place.

Le roy y estoit disposé en un petit voyage qu'il fit hors de Fontainebleau ; mais aussy tost qu'il fut de retour à Fontainebleau, il changea d'adviz ; ce qui fit croire à la reyne que c'estoit M. de Pisieux et luy en parla assez fermement. M. de La Brousse ayant demandé sa commission à M. d'Oquerre, il luy en signa deux,

---

1. Voy. Richelieu I, 280.

l'une portant « soubz l'authorité de la reyne mère », et l'autre n'en faisant point de mention. M. de La Brousse ayant présenté la première à sceller à M. le Chancelier, il la refusa, et alors il luy présenta celle qui ne parloit point de la reyne, laquelle il scella, et jugeant le dessein de M. d'Ocquerre qui avait voulu se descharger de ceste affaire et l'en charger en luy laissant de faire le choix des deux commissions, il le trouva fort mauvais et tient on qu'il luy en fit faire une reprimende par le roy. M. de Fossez estant arrivé à Fontainebleau vit M. de Pisieux, luy fit cognoistre le tort qu'il avoit eu de désobliger la reyne mère et le raccommoda avec elle.

*Environ* 9. — Madame la Princesse arrivant, M. le Comte et M. de Montmorency furent au devant d'elle à Essone.

*Lund.* 12. — La reyne mère revient de Fontainebleau à Paris et retourne le 17.

*Jeud.* 15. — La procession de la Feste Dieu se faisant à Fontainebleau, Madame la Princesse de Conty avoit faict passer Madame la Duchesse de Chevreuse devant elle; ce que Madame de Longueville voyant, elle dit que ceste finesse estoit trop aisée à cognoistre, passa devant Madame la Princesse de Conty, poussa Madame de Chevreuse et passa devant elle. On dit que M. le Prince de Conty s'esvanouit, et M. de Pisieux ayant dit auparavant qu'il ne conseilloit point à Madame la duchesse de Longueville de s'y trouver, elle respondit qu'elle n'avoit que faire de son conseil.

*Dim.* 18. — Combat de M. de Bouteville, M. de Genlis et M. de Saldagne contre M. de Vaillac, M. de Ballagny et M. de La Frette [1].

*Lund.* 26. — La reyne revient de Fontainebleau à Paris.

*Mar.* 27. — Le roy revient de Fontainebleau à Paris.

## JUILLET

*Sam.* 1ᵉʳ. —

*Mard.* 4. — Provisions scellées à M. de Corbeville pour la charge de mestre de camp des carabins.

*Merc.* 5. — Le roy va à Sᵗ Germain.

M. d'Elbeuf pensa avoir brouillage avec M. de Longueville touchant un solliciteur de M. d'Elbeuf battu par des Suisses de M. de Longueville. Le marquis d'Halluin alloit pour appeler M. de Longueville dans sa maison ; mais il ne peult parler à luy, parce qu'il y avoit force gens de qualité auprez de luy et que M. de Longueville ayant sceu ce qui s'estoit passé l'avoit

---

1. Pierre Gruel, seigneur de La Frette, gouverneur de Chartres et du Pont-Saint-Esprit, capitaine des gardes de Gaston, duc d'Orléans.
Fils de Claude Gruel, seigneur de La Frette et de Louise de Faudoas.
Il était d'une famille de duellistes, voy. le duel fameux de ses fils, Saint Simon, Ed. Boislisle. V. 101 et IX, 96.

désavoué et blasmé de telle sorte qu'il n'y avoit aucun lieu de querelle.

*Samed.* 8. — Grégoire XV meurt. Le 19, les cardinaux entrent au conclave. Le 6ᵉ aoust le cardinal Barberini elleu et s'appelle Urbain VIII. J'ay la relation [1] de ce conclave.

## OCTOBRE

Le roy juge le differend qui estoit entre Madame la Duchesse de Chevreuse [2] (cy devant vefve du Connestable de Luynes) et Madame la Connestable de Montmorency touchant la charge de superintendante de la maison de la reyne que Madame de Chevreuse possédoit et les en prive toutes deux leur conservant seullement les appointemens de leurs charges de superintendante et dame d'honneur. La maison de Guise recent un extresme desplaisir de ce jugement, à cause de la possession cy dessus. Quant à M. de Montmorency, bien qu'il n'obtinst pas ce qu'il demandoit, il n'en fut pas trop mal satisfaict, à cause que Madame de Chevreuse estoit privée de la charge. Pour appaiser M. de Guise, on luy fit espérer la permission de traicter de la charge de général des gallaires ; mais M. de la Viéville fit scavoir soulz main et dit à M. le Général des

---

1. Voy. Merc. fr. IX 539 et 571 les détails sur l'Election d'Urbain VIII.

2. Voy. P. Griffet, histᵐ de Louis XIII, T. I, 400, les détails de ce différend et Richelieu I, 282.

gallaires [1] que Sa Majesté ne désiroit pas qu'il en traictast. Au mois de décembre ensuivant, pour appaiser le mescontentement que ceste affaire avoit apporté, on fit M^rs de Chevreuse et de Montmorency 1^rs gentilzhommes de la Chambre.

## NOVEMBRE

Au commencement du mois, M^lle de Soissons meurt [2].

M^me de La Boissière faicte dame d'honneur de la reyne.

Sedition à Rouen contre les partisans des petitz offices de police [3].

---

1. Philippe Emmanuel de Gondy, marquis de Belle-Isle, chevalier des Ordres, général des galères, de 1598 à 1626, époque à laquelle il céda cette charge à son fils Pierre de Gondy, duc de Retz.

Il était fils puiné d'Albert de Gondy, duc de Retz, maréchal de France et de Catherine de Clermont Dampierre.

2. Charlotte Anne de Bourbon, née le 15 juin 1608, morte à la fin de 1623.

Fille de Charles de Bourbon Comte de Soissons et de Dreux, pair et grand maître de France, gouverneur de Dauphiné et d'Anne, comtesse de Montafié.

Le P. Anselme met sa mort sur la fin de 1623. Arnault précise en la plaçant entre les premiers jours de novembre et le 13.

3. Un édit avait mis un droit à payer sur la valeur des offices domaniaux. Un partisan obtint un édit interprétatif déclarant offices domaniaux et sujets à revente les plus infimes métiers : vendeurs de vieux linge, porteurs de bois, de pommes, d'oranges, d'huîtres et autres professions de cette nature. Ces malheureux supplièrent Coquelet, le plus fameux avocat de Normandie, d'intercéder pour eux, ce qu'il fit, représentant au Parlement que ces misérables, au nombre de 4,000 à Rouen seulement, pouvaient à peine se nourrir et souvent ne gagnaient pas trois sous en une journée entière. Le Parlement accueillit favorablement cette requête, mais la Commission de la revente du domaine ayant envoyé de porte en porte l'huissier Lemercier sommer les plaignants de comparaître à Paris pour y payer l'impôt de leurs charges où les voir vendre, ce petit peuple se révolta et le 13 novembre les troupes ayant usé de leurs armes il y eut beaucoup de tués, de blessés et de prisonniers. Cette répression terrible mit fin à la sédition.

Voy. Floquet, histoire du Parlement de Normandie, in 8°. 1841. Rouen, T. IV, 520, qui fait connaître la sage et courageuse conduite du Parlement et la cruauté de Louis XIII et du duc de Longueville, gouverneur de Normandie.

# DÉCEMBRE

M. de Chevreuse fait le serment de premier gentil-
lhomme du roy. Ceste charge estoit celle du feu connestable de Luynes que l'on fit revivre en faveur dudit
duc de Chevreuse pour récompence de la charge de
superintendante de la maison de la reyne ostée à sa
femme au mois d'octobre.

On tient pour assuré que M. de Chevreuse se tenant
désobligé en ladite affaire de M. de Pisieux, qui aprez
luy avoir promis de l'y assister, luy avoit manqué, il
se jetta entre les bras de M. de La Vieville qui entreprit
et vint à bout de luy faire avoir la charge de 1er gentilhomme de la chambre.

Incontinent après M. de Montmorency [1] pour récompence de la charge de sa belle mère [2] de dame
d'honneur chez la reyne, obtint aussy permission du

---

1. Henri II du nom, duc de Montmorency, amiral et maréchal de France, né le
30 avril 1595, fils de Henri Ier du nom, connétable et de sa seconde femme Louise
de Budos.

Il eut la tête tranchée à Toulouse, le 30 octobre 1632.

2. Laurence de Clermont, dame d'honneur de la Reine Anne d'Autriche.

Fille de Claude de Clermont, baron de Montoison et de Louise de Rouvray
St-Simon, troisième femme de Henri Ier de Montmorency, connétable.

Elle avait été mariée avec dispense du Pape accordée le 18 novembre 1599.
Montmorency l'avait épousée auparavant secrètement dans une chapelle privée. Il
envoya depuis un mémoire à Rome contenant les nullités de son mariage et fut
obligé de l'épouser de nouveau. Il fit ensuite divorce avec elle et l'envoya au
château de Viller-le-Bel, où elle demeura jusqu'à la mort du connétable (1614).
Elle mourut le 24 septembre 1654, âgée de 83 ans.

roy de traicter avec M. de Courtevant d'une des deux charges qu'il avoit de premier gentilhomme de la chambre qu'il achepta c. m. livres [1] dont le roy bailla...[2] et luy [3] ... livres. On tient que ce fut M. de Pisieux qui fit ceste affaire.

---

1. Voy. Brienne, 27.

« Les ducs de Chevreuse et de Montmorency, frustrés de l'espérance, l'un
« que sa femme, et l'autre que sa belle-mère, fussent rétablies dans les charges
« qu'elles possédaient auprès de la Reine, en demandèrent récompense, et le Roi
« promit à M. de Montmorency, que celle qu'il donnerait à sa belle-mère ne
« seroit point différente de celle qu'il accorderoit à Made de Chevreuse, dont le
« mari obtint ce qu'il demandoit ; c'était d'être pourvu de la charge de 1er gen-
« tilhomme de la Chambre, vacante par la mort du connétable de Luynes. M. de
« Chevreuse pressant le Roi d'exécuter ce qu'il avoit promis, Sa Majesté, pour
« satisfaire sa parole, ordonna à Souvray et à Blainville, qui estoient premiers
« gentilshommes de la Chambre, de lui remettre une pareille charge dont ils
« avoient été pourvus par la mort de M. d'Humières, tué au siège de Royan, en
« leur rendant l'argent qu'elle leur avoit coûté. Sa Majesté fit dire en même
« temps à M. de Montmorency qu'il y avoit de la différence entre les charges
« dont ces deux duchesses avoient esté pourvues, et qu'ainsi elle vouloit qu'il
« payat le tiers de la somme qu'elle s'estoit engagée de faire rendre à Souvray et
« à Blainville. Il obéit ; et le prix de cette charge ayant été fixé à quatre-vingt-dix-
« mille escus, M. de Montmorency offrit de payer comptant les trente mille qui
« furent demandés. Blainville ne fit point aussi de difficultés de se soumettre
« aux ordres du Roi ; mais Souvray, beau-frère de Puisieux, n'en usa pas de
« même, et chercha toutes sortes de moyens pour l'éviter... M. de Chevreuse crai-
« gnant que le Roy ne se prevint contre lui, me vint prier de promettre de
« sa part les quarante-cinq mille escus qu'il devoit donner et je terminoi à
« sa satisfaction.

« Aprés que M. de Chevreuse eut prêté son serment, M. de Montmorency
« prêta aussi le sien. »

Voy. Fontenay Mareuil, p. 175.

« Made de Chevreuse fut recompensée de la charge de premier gentilhomme
« de la Chambre qu'avoit le connétable de Luynes à laquelle il n'avoit point esté
« pourvu et qui fut donnée à M. de Chevreuse. Ensuite de quoy le marquis de
« Portes ayant mieux aimé que Madame la Connestable dont il estoit héritier,
« quittast aussi la sienne pour une pareille recompense, esperant de l'avoir, ou,
« la faisant vendre, d'en profiter, fist tant envers M. de Montmorency, sur qui il
« avoit tout pouvoir, et qui estoit principalement considéré dans cette affaire,
« Madame la Connestable estant sa belle-mère, qu'il prist celle qu'avoit eue M. de
« d'Humières que le Roy voulust bien luy donner, pour mettre auprès de la
« Reine la comtesse de Lannoy qui estoit plus à son gré. »

2. Un blanc dans le manuscrit.

3. Un blanc dans le manuscrit.

TIRÉ A VINGT-CINQ EXEMPLAIRES

PAR MALVANO, IMPRIMEUR

A NICE.

Décembre 1900

NICE. — IMPRIMERIE ET LITHOGRAPHIE MALVANO, RUE GARNIER, I.

# JOURNAL INÉDIT

DE

# ARNAULD D'ANDILLY

(1624)

# JOURNAL INÉDIT

DE

# ARNAULD D'ANDILLY

# JOURNAL INÉDIT

DE

# ARNAULD D'ANDILLY

## 1624

PUBLIÉ D'APRÈS LE MANUSCRIT AUTOGRAPHE

PAR

## EUGÈNE HALPHEN

ET

## JULES HALPHEN

PARIS

CHAMPION, LIBRAIRE-ÉDITEUR

Quai Voltaire, 9

——

1902

A BERTHA EUGÈNE HALPHEN

10 DÉCEMBRE 1902

Le Journal d'Arnauld écrit pendant l'année 1624 est d'un intérêt réel pour l'étude des intrigues de la Cour et des mœurs de ce temps, mélange d'urbanité et de férocité. Arnauld signale un grand nombre de petits faits qui ne se trouvent que dans son journal. Ainsi dans sept occasions il a inscrit des paroles du Roi, que nous ne connaissons que par lui. Il s'est plu, malgré son caractère pacifique, à recueillir les circonstances de plusieurs duels, et il nous transmet avec une scrupuleuse exactitude des détails curieux qu'il n'a pu tenir que de personnes présentes.

L'historien trouvera des renseignements utiles à l'histoire générale, qui ne sont pas ailleurs, dans le récit de l'arrestation d'Ornano et du rappel de Schomberg. Je crois ce court journal intéressant et j'espère être agréable aux curieux de l'histoire en le publiant.

# JOURNAL INÉDIT

DE

# ARNAULD D'ANDILLY

## 1624

### JANVIER

*Lund.* 1ᵉʳ.

*Mard.* 2. — Mʳ de Pisieux reporte les seaux au Roy. Lorsque le Roy bailla les seaux à Mʳ le Chancellier, son intention estoit qu'il les luy rendroit incontinent, mais Mʳ le Chancellier n'ayant jamais voulu entendre parler de cela et Mʳ de La Vieville (qui voulait mettre en la charge de Garde des Seaux Mʳ le Pᵗ Le Jay, parent de sa femme) luy ayant rendu de fort mauvais offices auprez du roy, duquel Mʳ de Pisieux ayant sceu le dessein il dit à Mʳ le Chancellier à la fin de Décembre 1623 qu'il se debvoit resoudre à rendre les sceaux, ce que M. le Chancelier trouva fort mauvais, luy dit qu'il se mesprenoit et qu'il representast au roy qu'il estoit de son service qu'il les gardast encores, et qu'il instruisit quelqu'un pour pouvoir faire dignement la charge. Ce que Mʳ de Pisieux estant allé pour dire du roi et ayant commencé à parler, le roy luy tourna le dos. M<sup>r</sup> de Pisieux voyant qu'il n'y avoit plus d'apparence de différer, fit dire à M<sup>r</sup> le Chancellier qu'il falloit qu'il perdist luy mesme sa charge et sa fortune, s'il ne rendoit les seaux. Ainsy M<sup>r</sup> le Chancelier avec un témoignage d'un extresme regret, se résolut à les rendre et les renvoya par M<sup>r</sup> de Pisieux, et lorsqu'il vit aprez le roy la 1<sup>re</sup> fois, le roy luy tint un discours estudié dont la substance est que le tenant pour le plus grand personnage de son Estat, voire de l'Europe, il avoit désiré le soulager affin de conserver sa vye qui luy estoient sy chères. M<sup>r</sup> de Pisieux rendant les seaux supplia le roy au nom de M<sup>r</sup> le Chancelier de ne les vouloir point mettre entre les mains de ses ennemis. Quelqu'uns dient qu'il feit entendre particulièrement qu'il croyoit principallement M<sup>r</sup> Haligre estre tel et qu'il luy eust esté bien rude de le voir triumpher de sa despouille.

Le roy ayant les seaux, le Marquis de La Vieville fit de telz effortz pour le P<sup>t</sup> Le Gay qu'il croyoit assurément en estre venu à bout et luy manda par M<sup>r</sup> de Joyeuse qu'il seroit Garde des Seaux le lendemain, et une des principalles raisons qu'il alleguoit au roy estoit que, pour bien faire ses affaires, il estoit du tout necessaire qu'il eust un Garde des Seaux qui les apuiast dans le Conseil; Le roy l'escoutoit de telle sorte qu'il tenoit la chose faicte, et, sans s'estre declaré à personne, envoya le 6, jour des rois à une heure, estant dans son cabinet des armes, quérir M<sup>r</sup> Haligre et luy manda qu'il vint

avec une grande robbe, et estant venu, luy donna les
saux avec grands témoignages d'affection et luy dit qu'il
allast voir les Reynes, Monsieur, Mr le Connestable et
Mr le Chancelier. Mais lorsque l'on ouvrit la boueste, il
se trouva qu'il n'y avoit que les seaux de Dauphiné ; sur
quoy le roy envoya Mr de Beringhen demander les autres
à Mr le Chancelier, lequel luy ayant demandé ou estoit
le roy et s'il n'y avoit point d'homme de robbe longue
avec luy, et ayant sceu que Mr Haligre y estoit, il luy
dit, à l'instant changeant de discours : « Votre père estoit
un bon homme, vous a-t-il pas laissé force mines », et
aprèz pour respondre à ce qui estoit des seaux dit :
« Voilà des oubliences de M. de Pisieux ; qu'on luy aille
dire qu'il les baille. »

Mr Haligre fit dès le jour mesme toutes les visites que
le roy luy avoit commandées, entre lesquelles debvoit
estre celle de Monsieur ; car il y fut aussy. On dit que
quand il fut chez M. le Chancelier, ilz se saluèrent en
riant tous deux. Deux jours aprèz, M. le Chancelier le
fut revoir, M. de Pisieux y avoit desia esté ; M. de
Pisieux fut aussy voir sa femme.

On m'a dit pour chose asseurée que le roy avoit
mandé par le P. Siguerand à Mr Haligre, garde des
seaux, qu'il vouloit qu'il vescut fort bien avec Mr le
Chancelier.

On tient que M. de Thoiras a frappé grand coup pour
Mr Haligre et que Mr de Bellegarde portoit aussi des
parolles au roy pour luy.

*Jeud. 4.* — M^r le Comte de Soissons de retour à Paris de son voyage de Dauphiné.

*Sam 6.* — Seaux donnés par le roy à M^r Haligre. Vide supra.

M^r Haligre un mois ou deux après estre garde des seaux achepte de M^r Le Clerc pour son jeune filz la charge de Secrétaire du Cabinet C m. livres, dont il s'en fit donner L m. livres par le roy et fit mettre de la direction son filz aisné conseiller au Grand Conseil.

*Lund. 15.* — M. de Montmorency part pour aller en Languedocq.

## FÉVRIER

*Jeud.* 1^er.

*Dim. 4.* — M^r Trouson va trouver de la part du roy M^r le Chancelier (lequel parlait à M... de Lauzon). M^r le Chancelier le mène dans son cabinet. Là, M^r Trouson luy dit qu'il avoit à parler à luy et à M^r de Pisieux de la part du roy. M^r le Chancelier envoye querir M. de Pisieux. On luy rapporte qu'il estoit avec M^r le Connestable ; sur cela M^r le Chancelier dit à M^r Trouson qu'il luy pouvoit faire entendre ce qu'il avoit à luy dire et que parler a luy estoit aussy parler à son filz. M^r Trouson respondit qu'il avoit commandement de parler à tous deux. Sur cela, M^r le Chancelier envoya dire à M^r de Pisieux qu'il priast M^r le Connestable de l'excuser pour

un peu de temps et qu'il s'en vinst. M<sup>r</sup> de Pisieux estant
arrivé, M<sup>r</sup> Trouson baille à M<sup>r</sup> le Chancelier un billet de
deux ou trois lignes escript par le roy, portant en subs-
tance : « M<sup>r</sup> le Chancelier, j'ay donné charge à Trousin
« de vous faire entendre et à Pisieux, votre filz, mon
« intention à laquelle vous ne manquerez d'obéir. »

Aprez cela, M<sup>r</sup> Trouson exposa sa créance, qui estoit
que le roy, ayant recognu les abuz, injustices et mal-
versations qu'ilz commettoient en leurs charges, leur
commandoit de se retirer (dès le jour mesme) en l'une
de leurs maisons, si ce n'est qu'ilz aymassent mieux se
justiffier; auquel cas il leur donneroit le choix de tel
parlement qu'ilz voudroient choisir. M<sup>r</sup> le Chancelier,
aprez avoir un peu songé, respondit qu'ilz avoient tousiours esté très-humbles serviteurs du roy et qu'ilz obéi-
roient à ce que sa Majesté leur commandoit qu'il estoit
trop tard pour partir le jour mesme, mais qu'ilz parti-
roient le lendemain et le prieoient de le faire trouver
bon au roy.

*Lund.* 5. — M<sup>r</sup> le Chancelier, M<sup>r</sup> et Mad<sup>e</sup> de Pisieux
partent de Paris et vont à . . . . . M<sup>r</sup> le Chancelier estoit
en lictière dont les portières estoient assez ouvertes
pour pouvoir estre veu et saluer le monde; deux hommes de cheval la suivoient, à 300 pas de là suivoit son
carrosse dans lequel estoient ses domestiques et derrière
ce carrosse estoient M<sup>r</sup> et Mad<sup>e</sup> de Pisieux dans le leur

en mesme portière ayant avec eux leurs enfans et des femmes.

Les affaires estrangères distribuées par le roy entre les 3 secrétaires d'Estat restans, M<sup>r</sup> de Laville aux Clercs à l'Angleterre et la Turquie, M<sup>r</sup> d'Herbault l'Espagne, l'Italye et la Suisse, et M<sup>r</sup> d'Ocquerre l'Alemagne et les Pays-Bas.

*Mercred.* 7. — M<sup>r</sup> de Beauclerc faict secrétaire d'Estat avec le département de la guerre, moyennant quoy il remet les 3 charges qu'il avoit entre les mains du roy qui donne à M<sup>r</sup> Trouson celles d'Intendant et de secrétaire de Cabinet et celle de secrétaire de la reyne à M<sup>r</sup> Le Gras.

*Mard.* 20. — Lorsque M<sup>r</sup> Le Secq fut osté de la charge de secrétaire de la Reyne, M<sup>r</sup> de Schonberg rendit de sy bons offices auprez du roy à M<sup>r</sup> Le Gras que la chose estoit resolue pour luy et eust été exécutée sans M<sup>r</sup> le Prince qui la traversa; dont le roy se souvenant maintenant proposa M<sup>r</sup> Le Gras comme une personne à laquelle il avoit autresfois pensé pour ceste charge et commanda à M<sup>r</sup> le Cardinal de la Rochefoucault de s'informer de luy; ce qu'ayant faict, chacun luy en dict du bien et M<sup>r</sup> de La Viéville luy ayant aussy rendu de bons offices (à la recommandation à ce que l'on dit du Président Le Jay), le roy résolut de luy donner la charge.

Le roy donne à M<sup>r</sup> Le Gras, trésorier de France à Paris, la charge de secrétaire de la Reyne. — M<sup>r</sup> Le Secq, dont la reyne avait fort affectionné le restablissement et qui esperoit d'y rentrer, ayant apris ceste nouvelle, va trouver M<sup>r</sup> de La Viéville et luy ayant parlé fort hardiment sur ce qu'il avoit faict tout le contraire de ce qu'il avoit promis à la reyne, dont elle ne demeureroit pas sans ressentiment, et qu'encores qu'il ne fust qu'un simple particulier, il avoit assez de courage pour chercher les occasions de s'en venger. Le roy ayant sceu cela par M<sup>r</sup> de La Viéville ou par ses amiz, entra en telle cholère que le menton luy en trembloit et allant trouver la reyne luy dit merveilles contre Le Secq et puis l'envoya prendre prisonnier par le chevalier du Guet et mettre dans le fort L'Evesque, où il demeura 3 jours, aprez lesquelz ou luy deffendit de la part du roy de se trouver jamais à la Cour ny à Paris quand le roy y seroit.

*Dim.* 25. — M<sup>rs</sup> Mallet et Le Clerc remis en leurs charges d'intendans des finances à condition de bailler chacun xxv m. livres à M<sup>r</sup> des Portes duquel le roy, pour achever la récompence des cl. m. livres que luy a cousté sa charge a donné encor c m. livres à prendre sur deniers extraordinaires qui viendront à sa dilligence, M<sup>r</sup> de La Viéville et M<sup>r</sup> de Thoiras se sont joinctz pour le dit restablissement l'un voullant celuy de M<sup>r</sup> Mallet à cause de M<sup>r</sup> de Beaumarchais, et l'autre celluy de M<sup>r</sup> Le Clerc, son antien amy.

# MARS

*Vend.* 1. — M$^r$ de La Viéville ayant entrepris de mettre M$^r$ d'Angoulesme dans les affaires, cela hasta le retour de M$^r$ de Guise pour le traverser; à quoy M$^r$ de Vendosme se joignit aussy.

M$^r$ de La Viéville faict aussy touttes sortes d'effortz pour mettre le Président Le Jay dans les affaires.

M$^r$ de La Viéville faict aussy tout ce qu'il peut pour faire oster le Père Segueran à desseing de mettre en sa place le Père Arnoux ce qui n'ayant réussy, et le roy ayant envoyé quérir le Provincial des Jésuites pour l'asseurer qu'il estoit fort satisfaict du Père Segueran et n'avait jamais pensé à l'oster, M$^r$ de La Viéville envoya faire de grands compliments au dit Provincial avec de grandes protestations d'affection pour tout son ordre et particulièrement pour le Père Segueran, avec lequel il le fit aussy prier de le vouloir mettre fort bien.

On dit que M$^r$ de La Viéville fit aussy effort pour esloigner M$^r$ le Cardinal de Richelieu, et que cela n'ayant peu réussir, il prit commission du roy de faire entendre à la reyne mère et à M$^r$ le Cardinal que le roy n'y avoit jamais pensé, etc.

*Lund.* 11. — M$^r$ d'Ambleville ayant faict appeller M$^r$ de Gordes, capitaine des Gardes, en quartier, à cause d'une querelle qu'ilz avoient eue au ballet, le Roy com-

mande à M^r Le Grand Prévost de l'aller prendre dans
l'arsenal, où il estoit ; ce que M^r le Grand Prévost voulant
exécuter, il se saisit avec 25 ou 30 de ses archers des
avenues de l'Arsenal, entre dedans, se faict donner les
clefs de la porte et dit au Marquis de Rosny qui estoit
avec M^r le Maréchal de S^t Géran le commandement qu'il
avoit receu du roy ; à quoy le Marquis respondit que,
sy M. d'Ambleville estoit dans l'Arsenal, il ne le scavoit
point. Sur cela, M^r d'Ambleville et deux de ses amiz
qui estoient avec luy ayant envoyé là auprez chez Boyer,
où plusieurs gentilzhommes disnoient, ilz arrivèrent
nombre sauver Ambleville et battirent à coups de pierre
deux archers du Grand Prévost.

*Mard.* 12. — Le roy envoya Painfort faire commandement à M^r le Chancellier et à M^r de Pésieux de se
retirer à Sillery.

*Environ* 18. — M^r de Guise de retour de Provence.

*Vendred.* 22. — Le roy part pour aller de Paris à
Compiègne.

M^r le duc de Roannois et le marquis de Choisy, ayant
procez ensemble, se querellent dans le conseil, se gour-
ment, mettent la main à l'épée. M^r Le Garde des Seaux
se lève avec le conseil, s'en va se plaindre au roy. Le
marquis de Choisy est pris et mené à La Bastille. Le
duc de Roanois se sauve. On envoye 50 picq. et 50
mousquetaires pour le prendre dans son logis ; mais il
n'y estoit pas.

## AVRIL

*Lund.* 1er. — Mr le Comte de Harcour s'estant trouvé
seul à la cour à Compiègne de la maison de Lorraine et
Mr de Longueville ayant pris un rang le dimanche des
Rameaux, lorsque l'on alla porter le . . . . . à la croix
qu'il creut luy préjudicier, il envoya le lendemain l'appeler par . . . . . ce que le roy ayant sceu, il envoya
incontinent un exempt des gardes arrester Mr de Longueville et tesmoigna estre fort en cholère contre Mr le
Comte de Harcour. Mais pour empescher que Mr d'Elbeuf
se meslant dans la querelle, les choses ne s'aigrissent
encor davantage, il luy escrivit à Paris par Fontenay
Coup d'Epée, lequel le trouva party et parla à Madame
d'Elbeuf.

Mr d'Elbeuf estant arrivé à Compiègne, le roy luy
parla dans le conseil avec tesmoignage de grande affection vers luy et de grand mescontentement vers Mr le
Comte de Harcour. Mr d'Elbeuf respondit qu'il ne vouloit pas desavouer qu'il ne sust où estoit son frère ; mais
qu'il supplioit très-humblement Sa Majesté de trouver
bon qu'il ne le dist point jusques à ce qu'il luy pleust
de luy pardonner et d'avoir agréable qu'il eust l'honneur
de la revoir comme auparavant.

Le 8 avril, Mrs de Guise, de Chevreuse et d'Elbeuf
furent ensemble à la cour, où Mr le Comte de Harcour

revint et là la querelle de M^r de Longueville et de luy fut acommodée.

*7^e Jour de Pasques.* — M^r le Comte de Pontgibault, amy de Vaillac, ayant dit à S^t-Prieul, amy de M^r de Bouteville qu'il luy conseilloit comme son amy de ne se plus mesler de la querelle de Vaillac et Bouteville pour ce que c'estoit une affaire sy embarrassée que l'on n'y cognoissoit plus rien et que maintenant leur amiz les debvoient laisser faire, M^r de Bouteville ayant sceu cela de S^t-Prieul qui le luy dit en telle sorte qu'il ne s'en debvoit point offencer et voulant mal d'ailleurs à M^r de Pontgibault à cause de la comtesse d'Alaiz (laquelle on dit luy avoir mandé qu'elle cognoistroit bien s'il l'aimoit autant qu'il luy vouloit faire croire, pour ce que cela estant, il la delivreroit de Pontgibault qui l'importunoit), va le jour de Pasques trouver dans les minimes de la Place Royale M^r de Pontgibault qui y estoit dez le Jeudy Sainct, s'estoit confessé et alloit communier, luy dit qu'il sembloit par le discours qu'il avoit tenu à S^t Prieul qu'il eust desseing de luy faire perdre ses amiz et de faire croire qu'il prist plaisir à des affaires embarrassées, qu'il venoit là pour luy tesmoigner le contraire ayant résolu de faire avec luy l'affaire du monde la plus nette et la moins embarrassée en se coupant à l'heure mesme la gorge avec luy, qu'il avoit là un carrosse, dans lequel ils s'en iroient ensemble et deux espées dont il luy donnerait le choix. M, de Pontgibault respondit qu'il estoit prest, mais qu'il se voulait battre avec l'espée et le poignard, Boutheville replicqua qu'il jugeoit bien par là qu'il n'avoit pas envie de se battre, pour ce qu'il n'avoit point de poignardz. Pontgibault respondit que, mancque de poignards, il se battroit avec des cousteaux ; ce que Bouteville ayant trouvé bon et pris un couteau qu'il trouva, comme je croy, dans les Minimes. Lorsqu'ils furent pretz de monter en carrosse . . . . . gentilhomme de M<sup>r</sup> de Pontgibault dit qu'il ne laisseroit pas battre son maitre seul; Bouteville respondit qu'il avoit là un lacquais, lequel estoit soldat et qu'il tenoit pour tel, qui battront contre luy. . . . . replicqua que, sy son maître estoit offencé, il ne se battroit pas seulement contre un lacquais, mais contre un marmiton, que cela n'estant pas, c'estoit à luy à chercher un gentilhomme. Bouteville dit qu'il envoyerait chercher un de ses amiz, et ainsy ilz s'en allèrent à La Rocquette, où Bouteville ayant dans une meschante maison trouvé un autre couteau dit : « nous avions encor besoing d'un cousteau, et voici le diable qui nous en a fourny. » Ainsy les deux couteaux estoient trouvez, mais l'un estant plus poinctu et un peu plus grand que l'autre, ils jouèrent à croix et pile et le meilleur eschut à Bouteville, l'autre advenu à Pontgibault, fut aiguisé par son gentilhomme sur une pierre en attendant le second de Bouteville; durant lequel temps, ilz s'amuzèrent à sauter [1]. Quelque temps aprez, le lacquais qui avoit auparavant esté chez M<sup>r</sup> d'Ornano et puis chez. . . . . et ne les avoit point trouvez amena M<sup>r</sup> de Chantail qu'il trouva prest à sortir de son logis pour aller faire son bonjour. Estant tous 4 ensemble et voyans de loing venir un soldat à pied, ils se hastèrent de se battre dans un guéret. M<sup>r</sup> de Pontgibault porta un coup d'espée à M. de Bouteville dans le visage et en receut dans le petit ventre qui ne fut pas grand chose, et s'estant sur cela portez par terre, M<sup>r</sup> de Pontgibault tomba dessus M<sup>r</sup> de Bonteville; mais le milieu de son bras portant à faulx sur le milieu d'un seillon et tout le corps de Bouteville s'appuyant dessus, il se le rompit; ce qui fut cause qu'il ne peut se servir de son advantage, et Bouteville aprez cela luy donna deux coups de cousteau dans le costé.

Cependant le soldat cy-dessus qui est un archer de . . . . . arrivant alla premièrement séparer les secondz qui estoient tous deux quasy esgallement blessez à la main, et aprez furent séparer Bouteville et Pontgibault.

Aprez cela ilz s'en vindrent tous ensemble en carrosse chez M<sup>r</sup> d'Elbeuf qui fit coucher dans son lict M<sup>r</sup> de Pontgibault, lequel monta les degrez à pied (dont il se confessa aprez disant que c'estoit vanité). M<sup>r</sup> d'Elbeuf

1. On dit que Pontgibaut baillant à Bouteville le grand cousteau, Bouteville, dit : « Je le prens au nom du diable. » et Pontgibault dit : « et moy je prens celuy-cy au nom de Dieu. » A quoy Bouteville respondit : « Nous verrons aujourd'huy si Dieu est juste. Car s'il est, vous aurez advantage sur moy.

le mit coucher dans son lict et Bouteville, aprez s'estre pensé, s'en alla en résollution de faire appeler Vaillac. Sur quoy M$^r$ d'Elbeuf luy ayant dit qu'il estoit fol et endiablé, il respondit qu'il scavait bien que sa vye estoit extravagante, mais qu'ayant commencé comme cela il fallait achever de mesme.

Le lendemain M$^r$ d'Elbeuf fit sortir de chez luy un carrosse à six chevaux fermé et accompagné de LX ou IIII$^{xx}$ gentilzhommes pour faire croire que c'estoit M$^r$ de Pontgibault que l'on emmenoit.

Le roy ayant sceu ce combat tesmoigna estre fort en cholère contre Bouteville, mais non contre Pontgibault, en faveur duquel M$^r$ d'Alluin le fut trouver, et, aprez luy avoir conté l'affaire, le roy luy dit : « faites en sorte que l'on ne le puisse trouver ; car s'il estoit pris, il ne seroit pas en ma puissance de le sauver. »

Le roy donna à Montalet, capitaine de ses mousquetaires, la charge de gouverneur de Senlis, qu'avait M$^r$ de Bouteville.

*Mard.* 16. — La reyne mère part de Paris pour aller à Compiègne. Le roy, qui avoit tenu le lict deux jours auparavant à cause de la mesme douleur au pied qu'il avoit encore sentie à Paris, va au-devant d'elle.

*Mercred.* 17. — Les ambassadeurs extraordinaires de Hollande ont audience du roy. M$^r$ le connestable les traicta en cérémonie.

*Lund.* 29. — Le roy envoya querir M$^r$ le Cardinal de

Richelieu, luy commanda d'avoir soin de ses affaires, et luy dit qu'il vouloit qu'il fust de son Conseil.

## MAY

*Mercred.* 1ᵉʳ. — Desplan ayant eu querelle avec Mʳ de Bernay, filz de Mʳ de . . . . ., il entra sur ce subject à la chasse en quelques parolles avec Mʳ Du Fresnoy, amy et allié dudit Sʳ de Bernay ; sur quoy ilz mirent l'espée à la main et Mʳ Desplan ayant tué Mʳ Du Fresnoy il vouloit aller parler au roy et luy dire comment l'autre l'avait obligé à mettre l'espée à la main ; mais Mʳ de Thoiras l'en empescha et lui conseilla de se retirer, comme il fit.

*Lund.* 20. — Le roy, sur le midy, vint accompagné du Marquis de La Viéville trouver la reyne mère qui estoit dans le lict, et, aprez luy avoir dict qu'il luy venoit parler d'une résolution qu'il y avoit longtemps qu'il avoit prise qui estoit d'oster M. le colonel d'auprez de Monsieur, la reyne respondant que c'estoit une chose à considérer à cause de l'affection que Monsieur tesmoignait avoir pour luy et qu'il ne seroit point mal à propos de luy en parler, affin de congnoistre son sentiment, le Marquis de La Viéville prenant la parolle dit qu'elle gastoit les affaires du roy. Incontinent aprez Monsieur accompagné de Mʳ le colonel estant rentré dans la chambre où estoient, outre ce que dessus, Mʳ le cardinal

de Richelieu, M<sup>r</sup> du Hallier, M<sup>r</sup> de Bonoeuil, M<sup>r</sup> Hero-
vard Bantru, et M<sup>e</sup> de Guircheville, le roy appella Monsieur, et en présence de la reyne mère luy dit qu'il ne
vouloit plus qu'il eust de gouverneur ny que M<sup>r</sup> le
Colonel fust auprez de luy :

Monsieur : « Pourquoy, Monsieur ? »

Le Roy : « Pour ce que j'ai apris qu'il vous est trop
sévère. »

Monsieur : « Trop sévère, Monsieur! Si cela estoit,
ce seroit à moy à le scavoir et à m'en plaindre ; mais
tant s'en fault ; j'ay toutte sorte de subject de m'en
louer et de l'aymer comme estant très homme de bien
et auquel j'ay beaucoup d'obligation. »

Le roy, voulant persuader Monsieur par raisons,
Monsieur avec grands pleurs respondit à toutes ces
raisons ; ce qu'il fit que le roy appela par deux diverses
fois le Marquis de La Viéville pour disputer avec luy
contre Monsieur qui insista tousiours très-fortement, et
le roy lui ayant dit par plusieurs fois qu'il désiroit qu'il
approuvast sa résolution, il respondit tousiours que,
comme roy, il pouvoit tout ; mais qu'il n'y consentiroit
jamais, et sur ce que le roy luy dit avec instance qu'il l'en
prioit, il respondit : « Monsieur, je ne le puis faire pour
votre prière », et dit ensuitte que c'estait le Marquis de
La Viéville qui avoit rendu un mauvais office à M<sup>r</sup> le
Colonel et que ledit marquis estoit un meschant et un
traistre ayant voulu avoir avec luy des intelligences que
le roy ne sceust pas, dont il cotta les temps et les lieux.

— Aprez cela Monsieur, ayant quicté le roy, sort de la chambre et jurant tout hault que ces traistres la luy payeroient, entre dans la chambre de la reyne régnante (qui disnoit) sans la saluer, sa cholère ayant empesché qu'il ne prist garde à elle, et, estant arrivé dans la sienne, dit à son chirurgien ordinaire nommé Berthelot (ennemy juré de M<sup>r</sup> le Colonel à cause qu'ayant picqué deux fois Monsieur à sa grande maladie à Moissac sans le pouvoir seigner M<sup>r</sup> le Colonel ne voulut plus depuis qu'il seignast Monsieur) : « Comment, coquin, estes-vous sy impudent que de vous présenter devant moy, aprez avoir trahy M<sup>r</sup> le Colonel ! Sortez d'icy ; ne vous présentez jamais devant moy. Je vous fais grande grâce de ne vous point faire assommer à coups de baston. » Quelque temps aprez M<sup>r</sup> de La Roche Haber son premier ausmosnier, se voulant mesler de le consoler, Monsieur luy dit : « Comment pensez-vous que je sois si mal adverty que je ne scache pas qu'il y a plus de 4 mois que vous trahissez M<sup>r</sup> le Colonel. Retirez-vous d'icy et ne vous présentez plus devant moy ». Comme on luy eust aporté son disner, il ne mangea que 3 ou 4 morceaux et puis se fit desservir, et aprez disner ayant demandé son carrosse pour aller chez la Reyne sa mère, M<sup>r</sup> de Marsan voulant dire quelque chose pour l'en destourner, il le rabroua fort.

Lorsque Monsieur sortit d'auprez du roy, comme il est dit cy-dessus, M<sup>r</sup> le colonel le voulant suivre, le roy l'appela et luy dit, en présence de la reyne mère :

« Colonel, je suis très content de vos services et feray
pour vous aux occasions mais je ne désire plus que
mon frère aye de gouverneur. » Mr le colonel respondit :
« Sire, je loue Dieu de la résolution que Votre Majesté
a prise de ne vouloir plus de gouverneur auprez de
Monsieur, et suis obligé de vous tesmoigner que, pourveu qu'il veuille prendre le soin de se conduire, comme
j'estime qu'il fera, j'estime en ma conscience qu'il en
est fort capable, et ne me reste maintenant qu'à scavoir
de Votre Majesté comme il luy plaist que je vive auprez
d'elle et auprez de Monsieur. » — « Comme un homme
de votre condition et de votre qualité, et pour lequel je
veux faire aux occasions. » Mr le colonel respondit :
« Votre Majesté me faict beaucoup d'honneur de tesmoigner satisfaction de mes services et de vouloir que je
me tienne souvent près d'elle ; mais je la supplie très-
humblement de me dire comme il luy plaist que je vive
auprez de Monsieur dans les charges que j'ay en sa
maison. »

Le roy : « Je ne veux plus que vous voyiez du tout
mon frère. »

Mr le colonel : « Comment, Sire, vous ne voulez plus
que je voye Monsieur ? Ce n'est donc pas son gouverneur
que vous lui ostez, mais c'est le colonel que vous ostez
d'auprez de Monsieur, et que vous en ostez avec honte
et avec infamie. Les fidelles services que mes predecesseurs ont renduz à la France et les miens, Sire, n'ont
point mérité un tel traictement, et je n'avois garde de

l'attendre en suitte de tant de tesmoignages que Votre Majesté m'a renduz d'estre contente de moy et des promesses qu'elle m'a sy souvent faictes de me garder tousiours une oreille, lors que l'on me rendroit de mauvais offices auprez d'elle. Maintenant je me voy condamné sans estre ouy et ruiné sans avoir moyen de me deffendre. Si j'ai bien faict, Sire, Votre Majesté ne doibt nullement me traicter de la sorte, et sy j'ay mal faict, il est raisonnable que ma teste en responde et que vous me faisiez faire mon procez; c'est la plus grande grâce que je vous demande et de m'envoyer pour cest effect à la Bastille. Car aussy bien sy vous ne m'y envoyez, je m'y en iray.

Le roy respondit : « Voulez vous que mon frère ayt de la barbe jusques à la ceinture et qu'il ayt encor un gouverneur ? ». — Mr le Colonel : « Sire, j'ai desjà dit à Votre Majesté que tant s'en fault que j'estime qu'il doibve tousiours avoir un gouverneur. Je loue la résolution que Votre Majesté a prise qu'il n'en ayt plus ; mais il n'est pas juste que Votre Majesté me tire avec honte de cette charge, ainsy qu'elle veult faire maintenant en me déffendant l'honneur de voir Monsieur. — Le Roy : Je feray pour vous aux occasions. — M. le Colonel : « Sire, Vostre Majesté en me traictant de la sorte ne « scaurait rien faire pour moy, puis qu'en m'ostant « ainsy l'honneur, quand elle me voudroit donner un « million d'or, je le refuserois. On vous a fait croire, « Sire, que j'estois homme attaché à mes intherestz ;

« j'espere de vous faire congnoistre le contraire, et
« vostre Majesté a désjà eu assez de subject de le con-
« gnoistre en ce que, m'ayant esté retranché depuis
« 15 mois plus de L m. livres par an, tant sur mes
« pentions que sur l'entretenement des gens de guerre
« de ma nation et des places accordées à nos pères par
« les roys vos prédécesseurs en récompense de leurs ser-
« vices et du sang qu'ilz ont respandu pour la France, je
« n'ay pas seullement pensé à ouvrir la bouche pour
« m'en plaindre à vostre Majesté encore que tout autre
« que moy n'eust pas mancqué de le faire, et ay mieux
« aymé demeurer dans le respect et dans le silence que
« d'importuner tant soit peu vostre Majesté en ce qui
« regarde la commodité de ses affaires. — Le Roy :
« Je n'ay pas entendu que l'on vous retranchast seulle-
« ment le tiers de cela. — Mr le Colonel : Sire, on m'a
« autant retranché que je vous dis, et sy je n'ay pas
« voulu vous en rompre la teste, encore que M. le
« Mareschal d'Ornano ne m'ayt laissé autre bien au
« monde que les bienfaitz de Votre Majesté. Mais je
« mesprise fort tout cela, pourveu que l'honneur me
« reste, lequel m'est mille fois plus cher que ma
« vye, et la seulle récompence qui me pourroit conten-
« ter maintenant seroit d'aller mourir à la teste d'une
« armée pour le service de Votre Majesté, sy elle en
« avoit quelqu'une en campagne ».

Et lors se tournant vers la Reyne mère, il luy dit :
« Madame, il n'est pas possible que tant de mauvais

« offices qui m'ont esté renduz auprez du roy ne soient
« venuz jusques aux oreilles de vostre Majesté ; mais je
« croy avoir servy si fidellement, sy utilement, et j'ose
« dire sy glorieusement auprez de Monsieur que je
« supplie très humblemen. vostre Majesté de me dire
« en présence du roy comme elle en est satisfaicte.

La reyne respondit : « Mʳ le colonel, je ne puis dire
« autre chose, sinon que vous avez très-bien' nourry
« mon filz d'Anjou et que j'en suis fort contente ».
Aprez Mʳ le Colonel adressant sa parolle au roy luy dit :
« Sire, il fault avouer que mes ennemis ont eu un grand
« pouvoir sur l'esprit de Vostre Majesté, puis qu'en
« suitte des asseurances qu'elle m'a tant de fois confir-
« mées de sa bonne volonté, ils l'ont portée à me traicter
« plus mal qu'homme de son Royaume. — Le Roy :
« Qui sont voz ennemis ? — Mʳ le Colonel : Ilz ne sont
« pas loing d'icy, Sire ; le voilà à ce coing. — Le Roy :
« Et qui ? — Mʳ le Colonel : La Viéville, Sire. — Le
« Roy : Estes-vous son ennemy ? — Mʳ le Colonel : Non,
« Sire ; mais il est le mien. — Le Roy : Et pourquoy ?
« Mʳ le Colonel : Pour ce que c'est un infasme et un
« lasche, Sire, et que je suis fort homme de bien. — Le
« Roy : Parlez bas. — Mʳ le Colonel : Au contraire, Sire,
« J'eslève ma voix affin qu'il l'entende, car je ne crains
« pas comme luy que l'on sache ce que je dis ; je vous
« supplie très-humblement de l'appeller, Sire, et je luy
« maintiendray devant vous et l'espée à la main, sy
« vostre Majesté me faict la faveur de me le permettre,

« que c'est un traistre et un meschant qui a voulu
« gangner Monsieur et avoir des intelligences avec luy
« que Votre Majesté ne sceust point. »

Le roy n'ayant pas voulu appeller M<sup>r</sup> de La Viéville,
M<sup>r</sup> le Colonel luy dit en suitte : « Sire, l'on m'avoit
« tousjours bien prédit que je périrois, puisque je ne
« m'attachois qu'au roy. Sy j'eusse voulu prendre
« d'autres appuis, je n'en aurois pas mancqué, et
« subsisterois maintenant.—Le Roy : Comment, qu'est-
« ce qui eust eu le pouvoir de vous maintenir contre
« moy? — M<sup>r</sup> le Col. : Personne ne m'auroit main-
« tenu contre vous, Sire, mais sy d'un costé on m'avoit
« rendu de mauvais offices auprez de Vostre Majesté,
« on m'en auroit rendus de bons de l'autre, et Votre
« Majesté se voulant informer de la vérité m'auroit
« trouvé tel qu'elle scauroit désirer pour son service,
« au lieu que ne m'estant fié qu'en ma probité et en la
« protection du roy, c'est le roy mesme qui m'aban-
« donne et qui, au lieu de me maintenir, me ruyne,
« Mais sy c'étoit à recommencer, je ferois encore la
« mesme chose ; car j'ayme mieux périr en ne m'atta-
« chant qu'au roy que de me maintenir par quelqu'au-
« tre moyen que ce puisse estre, et Dieu veuille, Sire,
« que mon exemple n'aprenne point à beaucoup
« d'autres à ne faire pas de mesme. » Aprez cela le roy
luy ayant commandé de se retirer à son logis et
d'attendre1 à de ses nouvelles, qu'il luy feroit scavoir le
lendemain à midy, M<sup>r</sup> le Colonel respondit qu'il n'avoit

point d'autre logis qu'une chambre en celuy de
Monsieur, que, s'il trouvoit bon qu'il y demeurast, il
ne verroit point Monsieur, le roy respondit que non et
qu'il s'en fist marquer un à la ville ; et ainsy le roy se
leva et s'en alla disner qu'il estoit deux heures, car son
discours avec Monsieur avoit duré une heure et demye
et celluy avec M. le Colonel une demye heure.

M$^r$ le Colonel demeura aprez cela assez longtemps
chez la Reyne et dans le logis du roy, où plusieurs
personnes de qualité lui parlèrent, dont M$^r$ d'Elbeuf fut
le premier et admirèrent tous son courage, ses parolles
et sa contenance. Quelque temps aprez, ayant sceu que
le Roy allait à la chasse, il s'en alla le trouver. Le Roy le
voyant venir vouloit esviter de le voir ; mais M$^r$ le
Colonel se hastant l'aborda auparavant qu'il peust
monter à cheval, et luy dit tout hault qu'il le supplioit
très-humblement de luy rendre justice. Le Roy luy
respondit qu'il demeurast à son logis ainsy qu'il luy
avoit commandé et que là il luy feroit scavoir de ses
nouvelles. M$^r$ le Colonel insistant par 3 ou 4 fois et
suppliant tousiours le roy de luy rendre justice, enfin le
roy se fascha et luy dit en cholère : « Je veux que vous
vous en alliez à votre logis et vous le commande. »

M$^r$ le Colonel respondit : « Puis que vous commandez,
il fault obeir ; mais un homme de bien ne craint rien. »
Lors le Roy monta à cheval et s'en alla, et M$^r$ le Colonel,
en passant dans la cour pour s'en aller chez luy rencontra Monsieur qui s'en alloit chez la Reyne mère.

Monsieur le voyant de loin, commanda au cocher d'arrester le carrosse. Lors Mr le Colonel venant à luy dit : « Monsieur, puisqu'il ne m'est pas permis de vous parler, je vous supplie très-humblement de me permettre de vous toucher la main ; Monsieur, en se baissant tout bas, l'embrassa plusieurs fois et luy dit avec très-grande affection qu'il s'asseurast qui ne l'oublieroit jamais et quelques autres motz semblables ; et aprez que Mr le Colonel se fut retiré, il dit tout hault dans le carrosse où estoient Mrs d'Elbeuf, de Marsan, de Marcheville et (comme je croy, M. d'Ouailly). « Le diable m'emporte sy ces traistres ne me la payent, je les cognois tous un pour un. »

Monsieur estant chez la Reyne mère luy parla avec très-grande affection pour Mr le Colonel.

Choses Mémorables dictes par Monsieur sur le subject de l'esloignement de Mr le Colonel :

Un grand de la cour luy disant qu'il fallait chanter liberté, il respondit avec un visage irrité : « Et pourquoy liberté ? Ay je esté dans les fers, ay je esté esclave ? Je veux bien que l'on scache que, sy j'ay eu quelque contraincte, ce n'a esté qu'autant que je l'ay voulu et qu'elle m'a esté utile. »

Mr de Bassompierre luy disant qu'il estoit triste, il respondit : « Je croy bien ; je n'ay pas icy Mr le Colonel. »

Le jour de La Pentecoste, aprez la cérémonie, Mr de Bassompierre disant à Monsieur : « Monsieur, vous estes maintenant en bon estat ; le St-Esprit est sans doubte avec vous ; il est vray que l'on le veult envoyer chercher loin d'icy, à M^r le Colonel », il respondit : « Bassompierre, ne raillons pas sur ce subject là ; car je n'y trouveray jamais de mot pour rire. »

M^r de La Roche Ab... disant grâces aprez le disner de Monsieur et ne les prononceant pas bien, Monsieur luy dit : « Comment, M^r de La Roche ; hé, vous donnez donc du galimathias à Dieu aussy bien qu'aux hommes ? ».

« On parle, dit Monsieur un jour, de me donner un premier escuyer. On peult bien le choisir bon homme de cheval ; car il sera bien ferme, sy je ne le désarçonne. »

Monsieur voulant souper en un jardin et M^r de Préaux contredisant, il luy dit : « M^r de Préaux, je veux bien que vous scachiez que l'on ne vous a pas mis auprez de moy affin que je fisse ce que vous voudriez, mais bien affin que vous faciez ce que je veux ».

Celuy du Chappellet est cy-aprez.

*Mard. 21.* — Monsieur trouvant le roy chez la Reyne mère luy dit : « Monsieur, comme mon roy, vous pouvez faire tout ce qu'il vous plaist et par conséquent m'oster M^r le Colonel, mais, comme mon frère vous ne pouvez refuser la très-humble supplication que je vous fais de me le rendre puis qu'il est très-homme de bien. » Le roy s'excusant et Monsieur insistant tousiours, enfin le roy se voyant pressé luy dit qu'il le luy rendroit dans 3 mois.

L'après disnée M^r l'Archevesque de Tours vint porter

commandement à M<sup>r</sup> le Colonel de la part du roy de partir le jour mesme pour aller en sa charge de lieutenant général en Normandye. — M<sup>r</sup> le Colonel respondit qu'il estoit très-humble et très-obéissant subject et serviteur du roy ; mais qu'il le supplioit très-humblement de l'excuser s'il ne pouvoit exécuter ce commandement ; que quant au premier point son équipage n'estoit point sy prest ny luy si préparé à sortir de la cour qu'il peust s'en aller le jour mesme ; que, pour le regard du second, il n'estoit point sy lasche que de vouloir aprez le traictement qu'il avoit receu aller, comme banny de la Cour, se faire monstrer au doigt dans une province où il avoit tousiours vescu avec autant d'honneur, de créance et d'estime qu'ayt jamais faict aucun autre en pareille charge ; mais que sy son service dans la cour estoit désagréable au roy, encor, qu'il ne deust rien moins attendre de luy aprez l'avoir sy dignement et sy fidellement servy, il se retireroit à Paris qui estoit la demeure commune à tous les François et particullièrement a ceux de sa qualité ; qu'il n'avoit point d'autre maison, M<sup>r</sup> le Maréchal d'Ornano n'ayant pas laissé six pieds de terre pour se faire enterrer. M<sup>r</sup> de Tours ayant raporté cela au roy, Sa Majesté dit qu'elle vouloit donc bien qu'il s'en allast à Paris.

Entre le dit mardy et le samedi, Monsieur parmy plusieurs qui estoient à l'entour de luy ayant aperceu M<sup>r</sup> d'Aiguebonne, l'appella et luy demanda s'il feroit ce qu'il lui commanderoit. M<sup>r</sup> d'Aiguebonne luy ayant

respondu qu'ouy et qu'il s'en tiendroit fort honoré,
Monsieur luy commanda d'aller trouver M<sup>r</sup> De La Viéville et de luy dire qu'il luy avoit mancqué de foy et
de parolle touchant M<sup>r</sup> le Colonel, mais qu'il s'asseurast
que s'il ne le reparoit, il ne l'oublieroit jamais et qu'il
n'auroit pas tant de peyne à faire le bien qu'il en avoit
eu à faire le mal.

M<sup>r</sup> d'Aiguebonne ayant dit cela à M<sup>r</sup> de Viéville, il
demeura fort surpris et respondit en termes généraulx
avec de grands respectz vers M<sup>r</sup> le Colonel, qu'il hono-
roit, qu'il l'estimoit autant que Seigneur de France et
n'avoit jamais pensé à luy rendre de mauvais office
auprez du roy; que c'estoit chose qui estoit venue du
pur mouvement de Sa Majesté et que s'il pouvoit servir
M<sup>r</sup> le Colonel, il le feroit tousjours pour sa propre considération et encor beaucoup davantage puis que c'estoit
chose qui agréoit à Monsieur; M<sup>r</sup> d'Aiguebonne luy
ayant répliqué que cela n'estoit pas respondre à ce que
Monsieur luy mandoit qu'il lui avait mancqué de parolle
et désiroit qu'il reparast le mal qu'il avoit faict, M<sup>r</sup> de
Viéville respondit en homme fort embarrassé.

Quelque temps aprez M<sup>r</sup> de Joyeuse, neveu de M<sup>r</sup> de
La Viéville, vint trouver M<sup>r</sup> D'Aiguebonne et luy dire que
M<sup>r</sup> de La Viéville seroit bien malheureux sy Monsieur
avoit mauvaise satisfaction de luy, et qu'il feroit tousiours tout ce qui seroit en son pouvoir pour le servir.

*Mercred.* 22. — M<sup>r</sup> le Colonel vient avec un carrosse
de relais de Compiègne à Paris.

*Samed.* 25. — M^r le Colonel estant à table et Mesdames la marquise de Montlord, de Mazargues et de
Verderonne, M^rs de Mazargues, de Sissenaye, d'Aiguebonne et d'Andilly souppant avec luy, le S^r Galeteau,
1^er vallet de chambre du roy, sans avoir parlé à qui que
ce fust, entre dans la salle et, s'adressant à M^r le Colonel,
luy demande (aprez luy avoir fait excuses de ce qu'il
estoit venu durant son souper) s'il luy pourroit dire un
mot de la part du roy. En mesme temps M^r le Colonel
se lève et s'en va avec luy à 4 pas de la table, et lors le
S^r Galeteau luy dit : « Monsieur, le roy m'a commandé
« de vous venir trouver pour vous dire qu'il est extrê-
« mement offencé de l'impudence (ou insolence) que
« vous avez commise d'envoyer un gentilhomme vers
« Monsieur, lequel l'a entretenu fort longtemps; qu'il
« vous commande de partir dans deux ou 3 jours au
« plus tard avec voz frères, votre femme et votre sœur
« pour vous en aller au Pont S^t-Esprit et que, sy vous y
« mancquez, il vous scaura bien faire obéir et vous faire
« cognoistre qu'il est votre maistre. » M^r le Colonel
répondit audit S^r Galeteau : « Monsieur, avez tout dit? »
et ledit S^r Galeteau replicquant qu'ouy, M^r le Colonel
reprit la parolle et dit : « Monsieur, je vous supplie de
« dire au roy que, pour luy tesmoigner qu'il n'a point
« en son royaume un plus respectueux ny un plus
« fidelle subject et serviteur que moy, je reçois mainte-
« tenant avec le mesme honneur et avec la mesme
« révérence les commandemens et les outrages que

« vous m'apportez de sa part. Je n'ay pas seullement
« pensé à envoyer un gentilhomme vers Monsieur,
« et mon frère de Mazargues y en ayant envoyé un
« nommé Vitrol pour avoir soing en son absence de
« ce qu'il fault à l'escurye de Monsieur, ainsi qu'il avoit
« tousiours accoustumé, et mesme donner ordre du
« payement de la despence des chevaux. S'il se trouve
« que je l'aye chargé d'aucunes lettres ny de porter
« parolle, je ne dis pas seullement à Monsieur, mais à
« quiconque ce soit n'y que j'aye mesme parlé à luy, je
« veux perdre l'honneur, et n'y eut jamais une plus
« fausse calumnie que celle que l'on m'a imposée en
« cela auprez du roy ; quant au commandement que
« vous m'apportez d'aller au St-Esprit, ceste mesme
« raison m'empesche de le pouvoir executer et supplie
« très-humblement Sa Majesté de considérer sur ce
« subject que, sy lorsqu'en sa présence je la servois sy
« utilement dans la Cour auprez de Monsieur, qu'elle
« m'en tesmoignoit toutte la satisfaction que je pouvois
« souhaitter, mes ennemis ont eu le pouvoir de luy
« rendre ma fidellité suspecte ; que, sy quand elle me
« commanda de m'esloigner de Monsieur, elle me dit
« qu'elle vouloit que je demeurasse dans la Cour comme
« un homme de ma condition et de ma qualité et qui
« l'avoit très bien servie ; que sy, aussy tost que je
« l'eus perdue de vue, elle me fit commander dès le
« lendemain de m'en aller en Normandye et puis au
« lieu de cela à Paris, où je n'ay pas plus tost esté que,

« le pouvoir et la liberté que mes ennemis ont de me
« calomnier augmentant par mon esloignement, ilz ont
« sur la plus grande fausseté du monde porté le roy à
« m'envoyer dire par vous des outrages, il n'y a point
« de crimes dont ilz ne s'efforceassent de me faire croire
« coupable par Sa Majesté lors que je serois en l'une
« des extrémitez de son royaume et dans des places
« dont l'assiette leur donneroit mille subjectz de me
« calumnier.

    « On lui diroit que je caballerois avec les Huguenotz,
« avec Savoye, avec Espagne ; et, sy je n'estois point
« chrestien, je croy que l'on luy diroit mesme que je
« traicterois avec le Turc ; c'est pourquoy je supplie
« très humblement Sa Majesté d'avoir agréable que,
« pour conserver mon honneur et ma fidellité non
« seullement inviolables comme ilz le seront tousiours,
« mais exemptz des soubçons que les artifices de mes
« ennemis en pourroient donner à Sa Majesté, je ne
« bouge de Paris, affin qu'au moindre mescontentement
« que le roy aura de moy il me puisse faire arrester, et,
« sy je suis coupable, me faire punir sans envoyer
« quérir ma teste sy loing, et que ma présence et mon
« visage donnent de la retenue à la meschanceté de
« mes ennemis ; que sy mon séjour dans Paris est dés-
« agréable au roy, je demeureray en tel village proche
« qu'il luy plaira et ne verray que les personnes qu'il
« m'ordonnera ; mais sy tout cela ne suffit je scay un
« expedient qui luy ostera tous soubcons que l'on luy

« pourroit donner de moy et fermera pour l'advenir la
« bouche à mes ennemis, qui est de me mettre dans la
« Bastille ; car ainsy estant sous la clef du roy, aucune
« de mes actions ne luy scauroit donner d'umbrage, et
« je recevray avec joye ceste... en attendant que, le
« temps faisant cognoistre à Sa Majesté ma sincérité et
« la fidellité de mes services, elle me juge digne non
« seullement d'estre mis en liberté, mais d'avoir meil-
« leure part que jamais en l'honneur de ses bonnes
« grâces. »

Galeteau respondit qu'il ne se pouvoit charger de
faire ceste responce au roy pour ce qu'il ne retourneroit
de 4 ou 5 jours à la Cour. A quoy Mr le Colonel replicquant que c'est chose bien rare et bien extraordinaire
de luy apporter un commandement et ne se voulloir
pas charger de la responce, et Galeteau insistant à s'en
descharger et disant qu'il le mandast au roy par quelqu'autre, Mr le Colonel dit qu'il chercheroit donc quelqu'un qui luy voulust rendre cest office, et se retournant
vers Madame la Marquise de Montlord et Madame de
Mazargues dit à Galeteau : « Quel traictement est cecy
« de vouloir envoyer de ceste sorte à 150 lieues d'icy
« ceste pauvre femme languissante (parlant de Madame
« de Mazargues couchée et qui avoit esté fort malade
« depuis), et ceste autre qui depuis dix ans n'a point
« porté de santé (parlant de Madame la Marquise). » A

cela Galeteau respondit : « Monsieur, ceste excuse est
« fort bonne et sera bon, s'il vous plaist, de la faire dire
« au roy. »

A quoy M⟨r⟩ le Colonel repartit : « Nullement, Mon-
« sieur, je ne dis point pour excuse ; car j'ayme beau-
« coup mieux payer de ma teste que de la maladie de
« ma femme. »

Aprez Galeteau vint à M⟨r⟩ de Mazargues et luy dit qu'il
avoit faict entendre à M⟨r⟩ le Colonel la volonté du roy
sur son subject.

Galeteau estant party, M⟨r⟩ le Colonel et Madame la
Marquise, sa femme, envoyèrent supplier M⟨r⟩ le Maréchal de Créquy de les venir voir, et, estant venu à
l'heure mesme, le supplièrent d'aller trouver le roy pour
luy représenter les raisons de M⟨r⟩ le Colonel, dont Galeteau n'avoit pas voulu se charger ; Ce que M⟨r⟩ de Créquy
leur ayant promis, il partit le lendemain, jour de la
Pentecoste, et le lendemain lundy, à 3 heures, aprez
midy, au retour de la chasse du roy, parla à Sa Majesté
laquelle luy respondit qu'elle ne voulloit rien escouter
de la part de M⟨r⟩ le Colonel, jusques à ce qu'il fust dans
le S⟨t⟩ Esprit.

*Dudit jour* 25⟨e⟩ — M⟨r⟩ de Marcheville, soubz gouverneur de Monsieur, part de la cour, ayant eu son congé
pour ce que l'on le croyoit amy de M⟨r⟩ le Colonel, M⟨r⟩ de
Montgenoust, ausmonier ordinaire de Monsieur, fut
aussy osté et M⟨r⟩ Pessart mis en sa place ; M⟨rs⟩ de Pele-
grin et Delphin, ordinaires, furent aussy ostez avec
promission de lever récompence d'une des deux char-

ges et de la partager entr'eux. Ordonné que Mʳ de Vallin se desferoit aussy de la sienne ; Carrillon, chirurgien, aussy osté.

*Jeud.* 30. — Mʳ de Bonœuil apporte de Compiègne à Mʳ le Colonel un chappellet de la part de la reyne-mère. La chose est que quelques jours auparavant la reyne-mère donnant quelques chappelletz qu'elle avoit apportez de Liesse, Monsieur luy dit devant toutte la cour : « Ma « maistresse, j'ay une faveur à vous demander ; mais je « vous supplie très-humblement de ne me la point « refuser. » La reyne luy dit : « Je n'ay garde, mon « fils. Qu'est-ce ? — Ma maistresse, c'est que vous « envoyiez, s'il vous plaist, un de ces chappelletz à « Mʳ le Colonel, affin que tout le monde cognoisse que « vous n'estes pas contre luy. » Le roy ayant sceu cela, il fut agité sy on envoyeroit le chappelet, et, à ce que quelques'uns dient, résolu que non ; mais néantmoins il vint et, Mʳ de Bonœuil se trouvant mal quand il arriva, l'envoya par une de ses filles, et le lendemain dès 3 heures du matin fut remandé pour aller à la Cour à cause des ambassadeurs qui arrivoient. Ce qui fut cause que Mʳ le Colonel luy escrivit.

Lettre de Mʳ le Colonel à Mʳ de Bonœuil.

Monsieur,

Je commence à croire qu'une mauvaise fortune peult estre acompagnée de bonheur puisqu'il a pleu à la reyne mère du roy me tant obliger que de m'envoyer le chapelet que vous avez pris la peyne de me faire rendre de

sa part ; ceste faveur m'est sy sensible qu'il n'y a point
de remercîmens capables de témoigner avec quel respect je la reçois ; mais sy les occasions secondoient mes
désirs, j'oserois esperer de faire voir à Sa Majesté par
mes très-humbles et très fidelles services que l'honneur
de ses commandemens me sera tousiours plus cher que
ma vye, laquelle je tiendrois trop heureusement em-
ployée, sy je pouvois en la perdant, donner à Sa Majesté une aussy grande marque de ma recognaissance
que j'en reçois de sa bonté. Vous m'obligerez extrêmement de l'en assurer et de croire que nul ne sera jamais
plus que moy....

## JUIN

*Sam.* 1<sup>er</sup>.

*Lund.* 3. — A 11 heures du matin un exempt des
Gardes de la compagnie de M<sup>r</sup> de Tresmes, nommé
Boislouet vient faire commandement de la part du roy
à M<sup>r</sup> le colonel de partir dans 24 heures avec ses frères,
sa femme et sa sœur pour aller au Sainct-Esprit. M<sup>r</sup> le
Colonel fit responce que quant à ses frères ilz avoient
desjà obéy (M<sup>r</sup> de Mazargues estoit party en poste le
lundy matin et M<sup>r</sup> d'Ornano le lendemain) ; que pour
luy il ne le pouvoit à cause des mesmes raisons qu'il
avoit représentées au S<sup>r</sup> Galeteau et qu'il répéta lors ;
mais qu'il révéroit tellement l'authorité du roy que
voyant le baston qui en portoit la marque, il estoit prest

de le suivre à la Bastille ou en tel autre lieu que Sa Majesté auroit agréable, affin de luy faire cognoistre qu'il ne vouloit avoir autre protection qu'en sa justice et en son innocence. Ce que l'exempt luy promit d'aller raporter au roy ; mais M$^r$ le Colonel ayant apris qu'il avoit seullement escript à la cour par un archer qu'il avoit emmené avec luy et qu'il n'estoit bougé de Paris, M$^r$ le Colonel escrivit le soir mesme au roy et lui envoya la lettre par le Com$^{re}$ Le Berche lequel le lendemain sur les 10 heures donna la lettre au roy, comme il sortoit de sa chambre, luy disant que c'estoit une lettre que M$^r$ le Colonel d'Ornano luy avoit donné charge de luy presenter. Le roy la prit, voulut rompre la soye et luy dit qu'aprez la messe il la verroit et qu'il le vint retrouver, et en mesme temps commanda à Boulanger d'aller querir le marquis de La Viéville. Le roy, au retour de la messe ayant esté chez la Reyne mère où M. le marquis de la Viéville se trouva dit au sortir de la au Com$^{re}$ Le Berche qui luy demanda s'il luy plaisoit de luy rendre responce, le roy dit que non et qu'il luy dist seullement qu'il voulloit obéissance, et Le Berche luy ayant demandé s'il luy avoit pleu de considérer les raisons de M$^r$ le Colonel, il respondit : « J'ay tout veu ; dittes seullement que je veux obéissance et incontinent aprez ayant rencontré Le Berche il luy dit les mesmes choses et luy commanda de s'en aller.

Copie de la lettre de M<sup>r</sup> le Colonel au roy :

Sire,

Lorsque la calumnie et le crédit de mes ennemis ont eu le pouvoir de me faire commander par Votre Majesté de quicter la charge dont vous m'aviez honoré auprès de Monseigneur Votre frère et mesmes votre présence, j'ay incontinent obey ; mais quand leur violence les a portez jusques à arracher de vostre bouche des parolles de cholère contre mon innocence et un commandement de me retirer au Pont-S<sup>t</sup>-Esprit que je ne pouvois exécuter sans me confesser coupable, j'ay très-humblement supplié Votre Majesté ainsy que je fais encores de m'en vouloir dispencer et de considérer, s'il luy plaist, que sy dans votre cour et depuis n'en estant qu'à vingt lieues, on a bien peu vous desguiser sy malicieusement la vérité de mes actions, il n'y a point d'accusation que je ne deusse craindre lorsque je serois comme relegué en l'une des extrémitez de votre Royaume. Sire, bien que mes ancestres ayent eu le bonheur de se rendre assez recommandables à la France par leurs services, j'atribue toutes fois principallement à leur inviolable fidellité le grand nombre d'honneurs et de charges importantes qu'ilz ont receues des roys voz predecesseurs, scachant qu'ilz n'ont jamais eu tant de soin de leur fortune ny de leur vye comme de se garentir non seullement de blasme, mais du moindre soubçon. Ceste mesme passion envers

mon roy m'estant hereditaire et ne trouvant rien de
difficile pour en rendre preuve à Votre Majesté, j'ay
mieux aymé, affin d'oster tout subject à mes ennemis
de continuer leurs calumnies, me résoudre à perdre ma
liberté dans une prison que me retirer en des places
dont l'assiette leur fourniroit des prétextes de donner
continuellement des déffiences de moy à Votre Majesté ;
ainsy je ne résiste à leurs persécutions que par les respectz et la souffrance qui sont les seulles armes dont je
me sers contr'eux puis qu'ilz se servent de votre authorité que je révère mille fois plus en effect qu'ilz ne font
en apparence. J'espère de votre bonté, Sire, que malgré
leurs artifices vous aurez maintenant agréable qu'en
abandonnant tout le reste je conserve au moins mon
honneur qui m'est incomparablement plus cher que ma
vye, et attens de votre justice qu'aprez que vous aurez
recogneu la sincérité de mes intentions et la fidellité de
mes services, Votre Majesté me redonnera bientôt la
place qu'on ma voulu faire perdre en l'honneur de ses
bonnes grâces, lesquelles je m'efforceray toujours de
mériter par les plus passionnez debvoirs que vous
puisse rendre, Sire, votre très-humble, très-obéissant
et très-fidelle subject et serviteur.

D'ORNANO.

De Paris ce 3° Juin 1624.

*Le mard.* 4°. — Ledit exempt revint à 3 heures après
midy trouver M<sup>r</sup> le Colonel et luy dit que les 24 heures

estant passées, il venoit scavoir s'il n'avoit point changé
de résolution. Mᵣ le Colonel respondit que non, d'autant que sa fidellité et son honneur l'obligeoient à pré-
férer une prison exempte de tous soubçons à la liberté
qu'il auroit ailleurs subjecte aux calumnies de ses ennemis ; ce que le dit exempt luy dit qu'il feroit entendre
au roy, et néantmoins fit comme la première fois.

Mᵣ le Mydlord Des Hayes, comte de Carlie, ambassadeur extraordinaire d'Angleterre touchant le mariage,
arrive à Compiègne fort accompagné et eut audience le
lendemain en laquelle il mit le genouil en terre devant
Madame mais non devant les Reynes.

*Mecred.* 5ᵉ. — Mᵣ l'Archevesque de Tours vient trouver Mᵣ le Colonel sur les 10 heures ou 10 heures et demie
du matin, luy dit qu'ayant apris à Compiègne le jour précédent les refus qu'il avoit faictz d'obéir au commandement du roy d'aller au Sᵗ-Esprit et en estant très-affligé
comme son amy, à cause de l'extresme faulte qu'il faisoit
en cela, il estoit monté en carrosse à l'heure mesme sans
en parler à personne et le venoit trouver pour le conjurer
de changer de résolution (Mᵣ de Tours recognut depuis
qu'il avoit parlé au roy auparavant que de venir et est
aisé de juger par ses discours que le roy l'avoit envoyé).
Sur cela estans entrez dans le cabinet de Mᵣ le Colonel,
ilz y demeurèrent environ 3 quartz d'heures, et là Mᵣ de
Tours ayant dit à Mᵣ le Colonel tout ce qu'il se peust
imaginer pour luy persuader d'aller au Sᵗ Esprit, tant

s'en fault qu'il y pust rien gangner qu'au contraire il
trouva qu'il s'affermissait tousjours de plus en plus.
Apres M<sup>r</sup> de Tours estant allé parler à Madame la Marquise de Montlord et M<sup>r</sup> le Colonel entendre la messe
qui se dit chez luy, comme le prestre avoit quasy achevé,
l'exempt entra avec 4 archers ayant leurs casacques et
leurs carabines et pistolletz ; M<sup>r</sup> le Colonel qui prioit
Dieu fort attentivement dans la chapelle n'apercevant
rien de cela, M<sup>r</sup> de Chaudebonne le luy fut dire, et aussy
tost M<sup>r</sup> le Colonel se leva, sortit de la chapelle et vint
à l'exempt qui luy dit qu'il luy avoit désjà faict divers
commandemens de la part du roy de se retirer au S<sup>t</sup>
Esprit, que maintenant il luy en apportoit un dernier et
absolu ou bien un autre qui estoit de le suivre à la Bastille. M<sup>r</sup> le Colonel, avec un visage non seullement cons-
tant mais guay, respondit que quant au premier des
deux commandemens qu'il luy apportoit, il ne le pouvoit
exécuter pour les raisons qu'il avoit desjà tant de fois
représentées et mesmes escriptes au roy, mais que pour
le second il y obéissoit de tout son cœur et en disant
cela alla embrasser l'exempt, puis luy dit en se retournant vers l'autel : « Je vous jure sur mon salut devant
« Dieu que voilà que je n'ay jamais receu nouvelle avec
« davantage de joye. Maintenant je ne crains plus les
« calumnies de mes ennemis. Je suis en la protection
« du roy, auquel malgré tous leurs artifices je tesmoi-
« gneray ma fidellité aux despens de ma liberté » et,
comme l'exempt le pressoit de vouloir aller au S<sup>t</sup> Esprit,

il luy respondit en haussant sa voix : « Je remetz de
« très bon cœur ma fortune et ma vye entre les mains
« du roy, il en peult disposer absolument, mais quant à
« mon honneur il n'y a homme vivant soubz le ciel qui
« y ait puissance », et l'exempt luy representant en
suitte qu'il luy seroit beaucoup plus advantageux d'aller
au St Esprit, il luy respondit qu'il estoit le seul gentilhomme de France, qui ne se pouvoit passer des bonnes grâces du roy, que les autres pouvoient vivre chez
eux sans le roy de ce que Dieu leur avoit donné de bien ;
que quant à luy pouvant jurer avec vérité que Mr le
Maréchal d'Ornano ne luy ayant laissé vaillant au monde
que xie livres de rente, il luy estoit impossible, outre la
passion naturelle qu'il avoit au service du roy, de se
passer de ses bonnes grâces ; que ses ennemis les luy
vouloient faire perdre en l'esloignant de luy pour luy
rendre aprez ses actions suspectes ; mais qu'il les vouloit conserver malgré eux en remettant entre ses mains
sa vye et sa liberté dans un lieu où ilz n'auroient plus
l'advantage de le pouvoir calumnier. Aprez cela l'exempt
l'ayant pressé et repressé par plusieurs fois de choisir
plus tost le Pont St Esprit que la Bastille et voyant qu'il
ne le pouvoit faire changer de résollution, il luy dit :
« Monsieur, quand il vous plaira-il donc d'aller à la
« Bastille ? » Il respondit : « Presentement, et, pour
« vous monstrer que vous ne me surprenez point, mon
« petit pacquet est tout prest sur la table de mon cabi-
« net ; car il y a 3 jours que j'attendois cecy avec impa-

« tience » et en mesme temps commanda que l'on mit
les chevaux à son carrosse ; mais quelqu'un qui se
trouva là ayant dit à l'exempt qu'il vaudrait mieux
n'aller qu'aprez disner à cause qu'il estoit plus de midy
et que l'on alloit porter la viande, il dit à Mʳ Le Colonel
qu'il valloit mieux qu'il dinast avant que de partir ;
Mʳ le Colonel respondit que cela estant indifferend il
le vouloit bien, et incontinent il fut trouver Madame la
Marquise et luy dire qu'elle ne se debvoit point affliger,
puisqu'il avoit ce qu'il avoit desiré. Elle se comporta
en cela avec un très-grand courage ; puis il vint disner,
et en disnant beut à l'exempt et à la santé du roy et le
pria de luy dire que, s'il luy bailloit la Bastille, pour
punition de n'avoir pas exécuté le commandement d'aller
au Sᵗ Esprit, il la recevoit de bon cœur pour telle, scachant que le roy est le maistre et qu'il pouvoit faire ce
qu'il luy plaist, que, sy au contraire il la luy bailloit
pour protection contre les calumnies de ses ennemis,
il la recevoit comme une très-grande grâce de Sa Majesté, à laquelle il le supplioit aussy de dire que, soit
qu'il demeurast 10 heures ou 10 jours ou 10 mois ou
10 ans dans la Bastille, il la supplioit très-humblement
de croire qu'il seroit aussy prest au sortir de là d'aller
sacrifier sa vye pour son service que sy elle luy
donnoit maintenant la charge de connestable. Il dit
aussy à l'exempt en disnant qu'il luy donnoit sa foy
et sa parolle que, quand on laisseroit les portes de
la Bastille ouvertes, il ne sortiroit jamais que le roy ne

l'en tirast et qu'il désavouoit pour ses amis tous ceux qui parleroient pour sa liberté, ne la voulant attendre que du roy seul et de la cognoissance que le temps luy donneroit de sa fidellité. Apres il se mit à parler en riant de diverses choses, et l'exempt l'ayant encor fort pressé aprez disner d'aller plus tost au S<sup>t</sup> Esprit qu'à la Bastille et luy ayant mesme dit qu'il luy donnoit encor 24 heures pour y penser, M<sup>r</sup> le Colonel respondit qu'il ne falloit pas differer davantage et qu'il luy tardoit desjà d'y estre, et ainsy disant adieu à Madame la Marquise, il s'en alla accompagné seullement d'un des siens nommé Clermont et fit mettre l'exempt à la portière auprez de luy avec un visage et une constance au-delà de touttes parolles. M<sup>r</sup> de Chaudebonne se mit dans le carrosse et l'accompagna jusques à la Bastille, à la porte de laquelle et encor apres qu'il fut dedans, l'exempt le pressa derechef avec grande instance d'en sortir pour aller au S<sup>t</sup> Esprit et luy dit qu'il luy donnoit encor 24 heures pour y penser ; ce qu'il refusa. Incontinent aprez M<sup>r</sup> de Luxembourg le vint voir, et le lendemain, jour de la Feste de Dieu, comme il estoit prest de se confesser pour communier, M. de Luxembourg estant reveneu le pria de ne le pas faire jusques à ce qu'il eust eu ordre de la cour ; ce qui fascha M<sup>r</sup> le Colonel, et depuis ayant eu ordre de la cour de le resserrer et ne laisser parler personne à luy, il le mit dans la chambre de M. le Prince et ne le laissa plus prosmener sur les tours ; mais M<sup>r</sup> de Luxembourg

estant incontinent aprez allé à la cour, il en rapporta
ordre de luy laisser entendre la messe tous les jours,
de le laisser confesser et communier quand il voudroit,
de le laisser promener deux fois le jour et de luy bailler
encor un page et un lacquais.

Le S^r de Boislouet exempt susdit, estant retourné le
soir mesme à Compiègne, le Marquis de La Vieville luy
fit dire qu'il y avoit mille livres à gangner pour luy,
s'il le vouloit voir avant que voir le roy ; mais il n'en
voulut rien faire et alla trouver M^r du Hallier (duquel il
avoit receu le commandement) lequel le mena chez Sa
Majesté, et, bien que le roy fust couché, il entra, tira
son rideau et luy présenta Boislouet sans avoir voulu
auparavant scavoir de luy ce qui s'estoit passé. Boislouet conta tout au roy en fort homme de bien, et
quand il luy dit les injures de Galeteau, le roy tesmoigna grand mescontentement et se mordit le doigt.

Ambleville, bastard de l'oncle de M^r de Villarceau
qui avoit depuis espousé sa mère et ne l'avoit faict
mettre soubz le poisle ayant perdu le proscez par luy
intenté pour se faire recognoistre legitime, se bat en
Normandie 3 contre 3. Le Chevallier de Villarceau y fut
tué et le jeune Varicarville. Depuis, M^r de Gadencour [1],
beau-frère d'Ambleville ayant dit sur ceste affaire des
choses qui avoient fasché M^r de Villarceau, lequel ne se
vouloit battre contre Ambleville, disant qu'il n'estoit
gentilhomme, le dit gentilhomme envoye appeller et
bailler le choix de deux espees à Gadencour par Bu-

---

1. Ou Gademont ?

reau. Ambleville qui s'y trouva prit l'espée. Berval
ayant sceu ceste querelle et cherchant occasion d'avoir
à faire à Gadencour s'offre à Villarceau et le contraint
de le mettre de la partye. Ainsy Gadencour prend encor
des Freches, escuyer du comte de La Rocheguyon, qui
avoit eu querelle avec Villarceau en 1613. Estans sur le
lieu prez Argenteuil et Villarceau voyant qu'Ambleville avoit son espée dit qu'il ne se vouloit pas battre
contre luy pour ce qu'il n'estoit pas gentilhomme.
Ambleville respondit qu'il le feroit bien battre. Gadencour dit que son beau-frère estoit soldat, et Berval
dit à Villarceau qu'il n'y avoit pas moyen de l'en
empescher pour ce qu'aussy bien son antien amy
Gadencour ne voudroit pas avoir affaire à un autre
que luy. Ainsy ilz se battent ; Villarceau et Ambleville
à cheval et les autres à pied. Bureau porte un sy
grand coup d'espée à Des Frèches qu'il le jette à terre,
et croyant l'avoir tué luy dit qu'il croyoit qu'il en avoit
assez et qu'il ne luy vouloit pas oster son espée, mais
qu'il alloit séparer les autres. Des Frèches respondit
qu'il estoit mort. Bureau trouva que Gadencour et
Berval avoient desja chacun 5 coups d'espée à travers
le corps, et, comme il les voulloit séparer, des Frèches
qui n'estoit quasy point blessé le tue d'un coup d'espée
par derrière, et tua Villarceau qui se tenoit avec Ambleville et avait avantage, et quand il vit venir des
Frèches, il luy dit : « Je luy veux faire courtoisye. »
Mais Des Frèches, sans faire semblant d'entendre cela

luy donna un coup dont il le tua. Berval mourut aprez de ses blessures. Ainsy tous les 3 d'un costé moururent. Ambleville et Des Frèches ne sont que légèrement blessez et on croit que Gadencour guérira.

*Jeud. 6, jour de la Feste-Dieu.* — Y ayant grande dispute entre M$^{rs}$ de Nemours et de Nevers touchant leur rang en la procession de St-André des Artz et beaucoup de gens assemblez de part et d'autre ; M$^r$ de Montbazon et le Prevost des Marchans suivant un ordre de la cour où la chose avoit esté jugée à l'avantage de M$^r$ de Nemours, mirent en possession les pages de M$^r$ de Nemours de la place la plus honorable, tellement que ceux de M$^r$ de Nevers n'y furent point du tout. Le Jeudy ensuivant M$^{rs}$ de Nemours et de Nevers ayant faict de très-grandes assemblées pour ce mesme subject, il fut ordonné qu'il n'y auroit point de procession, comme de faict il n'y en eut point et M$^{rs}$ les Maréchaux de Praslain, Créquy et Bassompierre furent chez les uns et les autres et firent faire des corps de garde devant le logis de l'un et de l'autre. Toute la maison de Guise estoit pour M$^r$ de Nemours. M$^{rs}$ de Vendosme et de Longueville estoient de l'autre. Chascun avoit envoyé prier tous les gentilzhommes qu'il avoit peu de les assister, ce que l'on avoit point encores veu.

*Mercred. 26.* — A minuict le roy envoye quérir Monsieur et luy dit qu'il veult que M$^{rs}$ de Br... et De Préaux ayent la charge de premier gentilhomme de sa chambre.

*Vend.* 28. — Le roy vient de Versailles mettre la première pierre au nouveau bastiment du Louvre et y retourne coucher.

*Sam.* 29. — Le roy envoye tirer M^r le Colonel de la Bastille par un lieutenant des gardes nommé Banques et l'envoye à Caen dans un des carrosses de la reyne accompagné de 40 chevaux legiers de sa garde commandez par La Chesnaye, mareschal des logis. Il y arriva le mercredi 3° Juillet et y fut receu par le marquis De Mosny qui le mit dans le dongeon dans une fort petite chambre, et luy ayant osté le page et le lacquais qu'il avoit à la Bastille.

Quelques jours aprez Monsieur allant à Notre-Dame de Liesse on luy bailla des gens d'armes de la compagnie du roy et des carabins de Desplan pour l'accompagner.

## JUILLET

*Lund.* 1^er. — (Le mois de juillet manque dans le manuscrit.)

## AOUST

*Jeud.* 1^er. — M^r de Sully estant venu à la cour en espérance d'avoir les finances, il fut mocqué et s'en retourna.

*Lund.* 12. — Le marquis de La Viéville, qui s'estoit veu quelque temps auparavant prest à tumber et croyoit s'estre rasseuré par un discours qu'il avoit eu avec le roy sur ce subject, voyant que ses affaires alloient encor très-mal et mesmes ayant eu adviz (on dit que c'est par Galeteau) que le roy le vouloit chasser ce jour là et qu'il en alloit prendre à Ruel la dernière résolution avec la reyne mère, court en dilligence à Ruel et supplie le roy, s'il estoit las de ses services, de luy permettre de se retirer chez luy. Le roy luy respondit qu'il s'en retournast à St-Germain et que là il luy feroit scavoir son intention, et sur ce que le Marquis de La Vieville le supplia fort de ne luy point donner son congé par un billet, mais de luy faire ceste grâce qu'il le receust de sa bouche, ce que Sa Majesté luy promit.

Le soir Monsieur fit faire un sy grand charivary dans le logis de M. de La Viéville par grande quantité d'officiers de cuisine, marmitons, volontaires et autres, qu'il pensoit que l'on l'allast assassiner, fit tirer toutes les chandelles, se mit à pleurer et envoya prier Mʳ le Cardinal de Richelieu de le venir voir.

*Mard.* 13. — Le roy envoye quérir à 7 ou 8 heures du matin le marquis de La Viéville par Armagnac et luy commande de se retirer, disant qu'il n'estoit nullement satisfaict de ses services.

Comme le Marquis de La Viéville sortoit de chez le roy, Mʳ de Tresmes luy dit qu'il avoit commandement de Sa Majesté de l'arrester et qu'il le desiroit mener en sa chambre où il seroit mieux qu'à la veue de tout le monde, en attendant que l'on eust amené un carrosse, pour aller où le roy avoit commandé. Le Marquis de La Viéville respondit qu'au discours que le roy luy avoit tenu, il s'estoit bien doubté de cela.

Le carrosse de chasse du roy estant arrivé incontinent aprez, M$^r$ de Tresmes le mit dedans avec des archers des gardes commandez par M$^r$ de La Coste, lequel le mena à Amboise avec l'escorte de 50 chevaux legers du roy commandez par... et la compagnie de mousquetaires commandée par... et estant arrivez à Amboise le...[1]

M$^r$ de Joyeuse avoit demandé d'aller avec le Marquis de La Viéville, mais M. de Tresmes luy dit que cela n'estoit pas à propoz.

Le roy envoya... sceller chez M$^r$ de La Viéville et chez M$^r$ de Beaumarchais.

Le roy envoye faire commandement à M$^r$ et à Mad$^e$ de Beaumarchais et à M$^r$ de La Viéville par... de se retirer.

Le roy commande à Galeteau de se retirer.

Le mesme jour le roy envoye M$^r$ de Brouilly quérir M$^r$ de Schonberg (auquel il escrivit) et luy baille luy-mesme pour son voyage 31 pistolles qu'il avoit sur luy et luy recommande la dilligence. Sa Majesté tesmoignant

1. Inachevé.

un tel desir de le revoir et une sy grande impatience jusques à ce qu'il fust arrivé que cela n'est pas quasy croyable. M<sup>r</sup> de Brouilly fit telle dilligence qu'il arriva à Duretal le lendemain au soir mercredy et fut de retour auprez du roy le vendredy à minuit, et Sa Majesté tesmoigna tant de joye de scavoir des nouvelles de M<sup>r</sup> de Schonberg qu'elle faisoit embrasser M<sup>r</sup> de Brouilly à tout le monde.

M<sup>rs</sup> d'Angoulesme, de Longville et de Montmorency, qui estoient tenuz pour les grands amiz de M<sup>r</sup> de La Vieville tesmoignèrent publicquement estre fost marriz de sa disgrâce et M<sup>r</sup> de Montmorency se retira pour quelques jours à Chantilly.

M<sup>rs</sup> de Guise, de Bellegarde et de Bassompierre firent tout ce qu'ilz peurent pour empescher le retour de M<sup>r</sup> de Schomberg.

Ce n'est pas chose croyable que la hayne publicque tesmoignée contre le Marquis de La Viéville. Le roy a dit qu'il luy avoit conseillé de mettre Monsieur au bois de Vincennes, M<sup>r</sup> de Guise, M<sup>r</sup> d'Elbeuf et M<sup>r</sup> de Bassompierre dans la Bastille. Le 1<sup>er</sup> pour..., le 2<sup>e</sup> à cause de l'affection que Monsieur luy portoit, et le 3<sup>e</sup> à cause qu'il estoit Espagnol, et dit-on sur ce subject qu'il avoit voulu donner VI<sup>m</sup> livres à Chastelet, maître des Requêtes, affin de le charger dans les informations de... d'estre factionnaire d'Espagne.

Lettre escripte par le Roy au parlement, le jour qu'il fit prendre M^r de la Viéville,

De par le Roy,

Nos amez et féaux, bien que nous n'ayons jamais rien tant souhaitté que l'establissement d'un bon conseil par le moien duquel toutes choses soient maintenues en leur ordre à la gloire de ceste couronne et au bien et soulagement de noz subjectz, ny rien eu tant à contre-cœur que le changement en ce qui regarde particullièrement les personnes des ministres et principaux officiers de notre Estat, néanmoins pour certaines considérations très-importantes à notre service et dont les inconvéniens estoient de telle conséquence que, si le cours en eust duré plus longtemps, il nous eut esté très-difficile de garantir ce royaume d'une entière ruyne, nous avons été contrainctz de démettre le Marquis de La Viéville de la charge de surintendant de noz finances, et en outre de nous asseurer de sa personne, attendant que nous ayons pourvu aux choses plus importantes qui concernent le bien et la réputation de noz affaires, ausquelles nous voullons travailler sans intermission. Ce nous a esté un extresme regret de n'avoir peu trouver autre voye que celle que nous avons prise; mais nous avons esté réduictz à ceste nécessité par la continuation de la mauvaise conduitte dudit La Viéville qui a esté jusques au point que de changer sans notre sceu les résolutions prises en notre présence, de traicter avec les ambassadeurs résidans auprès de nostre personne contre nostre ordre, nous supposer divers adviz, à desseing de nous donner ombrage de ceux en qui nous pouvions avoir seure confiance et rejetter sur nous la haine qu'il s'est attirée en servant ses passions contre les particulliers. Nous avons bien voullu pour un temps ne luy tesmoigner pas ouvertement le ressentiment que nous avions de telz deportemens luy faisant cependant assez congnoistre que nous ne les approuvions pas, pour luy donner lieu de s'en corriger par l'appréhension d'encourir notre disgrâce; cette... nous ayant esté inutile, nous ne doubtons point que Dieu ne fasse réussir le remède auquel nous avons eu recours et nous donne la grâce d'apporter un si bon reglement en notre Conseil et en tous nos estas qu'un chacun recognoistra que nous ne pourrons plus tumber en semblables inconvéniens. Nous avons jugé à propoz de vous donner adviz de ce que dessus, à ce que selon noz bonnes intentions vous contribuiez de votre part à tout ce qui sera nécessaire pour le bien de notre service et le repos de notre Estat.

Donné à Saint-Germain-en-Laye, le 13 Aoust 1624; signé Louis, et plus bas, de Co...

# AOUST

*Mercred.* 14. — Le roy nomme M^rs de Marillac et de Champigny pour estre directeurs et comme superintendants des finances, et y voulant adjouster M^r le Procureur Général Molé, il le refusa; sur quoy Sa Majesté l'ayant fait presser, il vint à St-Germain et le refusa de nouveau en parlant à elle-mesme, s'excusant sur ce qu'il n'estoit pas capable de ceste charge, en laquelle il n'avoit point esté nourry. Ceste action a esté fort aprouvée, et le roy luy respondit qu'encor qu'il eust fort désiré qu'il l'eust acceptée, il ne l'y vouloit point forcer et qu'il l'en estimoit encor davantage. Le Roy désira que M^r de Schonberg assistast aux Conseilz des finances, mais il s'en excusa.

*Sam.* 17. — Le roy tint conseil à Ruel, touchant M^r le colonel, auquel il n'y avoit que Sa Majesté, la Reyne sa mère, M^rs les cardinaux de la Rochefoucauld et de Richelieu et M^r le Garde des Sceaux, et là non seullement la liberté de M^r le Colonel fut résolue, mais aussy de le remettre auprez de Monsieur en toutes ses charges, excepté celle de gouverneur, Monsieur n'estant plus en âge d'en avoir.

Quelques jours auparavant et mesmes devant l'esloignement de M^r de La Viéville le roy avoit escript de sa main au Marquis de Mosny qu'il donnast toutte sorte de liberté dans le château à M. le Colonel et telles gens qu'il desireroit pour le servir, s'asseurant seullement de sa personne et luy tesmoignant la bonne volonté que Sa Majesté avoit pour luy sans que cela fust sceu de personne quelconque que d'eux deux. Ceste lettre fut baillée à M<sup>r</sup> le Marquis de Mosny de la part du roi par un gentilhomme qui fit son semblant de le venir voir par visite et la luy mist en secret entre les mains, luy disant qu'il luy envoyast sa responce par un lacquais et non par un gentilhomme, sur quoy le Marquis de Mosny jugeant aisément que ceste chose s'estoit faicte au desceu de M. de La Vieville et craignant que, s'il venait à le descouvrir, il ne luy rendist de mauvais offices, il alla porter la lettre à M. le Colonel et résolut avec luy de venir trouver le roy et cependant de luy donner la liberté portée par la lettre. M<sup>r</sup> le Colonel luy promit de n'en point user jusques à son rettour affin qu'en quelque... que ce fust cela ne luy peust nuire, et bien que M. de Mosny ne jugeast pas la chose raisonnable et eust donné charge à son lieutenant de le laisser sortir dans tout le chasteau, il luy tinst néantmoins parolle. — Le Marquis de Mosny estant arrivé le samedi à la cour et ayant apriz du roy la résolution de liberté, il voulut par excez de civilité en aller porter luy-mesme la nouvelle à M<sup>r</sup> le Colonel et partit le dimanche ou lundy matin.

*Dim.* 18. — M<sup>r</sup> de Schonberg arrivé à St-Germain trouva le roy dans la chambre de la reyne et la pluspart des princes et princesses. Sa Majesté luy fit d'extresmes caresses, et une demye heure aprez, le mena au Conseil des ministres luy disant qu'elle le faisait tenir exprez, affin qu'il ne couchast pas à St-Germain sans estre en possession de la function à laquelle il l'avoit appellé.

Il ne se peult rien adjouter à la joye que toutte la cour tesmoigne du retour de M. de Schonberg et, aux honneurs que chacun luy fit, il n'y a point eu de grand qui ne le soit venu voir et mesmes Monsieur et Mesdames la Princesse, Pⁱᵉ de Conty, de Montpensier, de Guise, de Ventadour et d'Ornano y vinrent tous ensemble.

Mʳ de Schonberg ne fut voir la reyne mère qu'aprez la reyne, pour ce qu'elle estoit à Ruel et la reyne à St-Germain.

*Lund.* 19. — Monsieur se desrobe au commencement de la chasse et va au galop à Sᵗ Ouin voir Madame la Marquise de Montlord. Le roy ne fit pas semblant de le scavoir et, luy ayant le lendemain donné congé d'y aller, il y retourna ledit jour mardy et encor le lendemain mecredy, tellement qu'en 3 jours de suitte il fit douze lieues chasque après disnée pour aller à Sᵗ Ouin.

*Jeud.* 22. — M. le Colonel restant à Poissy avec le marquis de Mosny, il y trouva 2 carrosses de la reyne, dans l'un desquels Mʳ le marquis de Mosny vint trouver le roy et laissa l'autre à Mʳ le Colonel qui vint à La Muette, où Mʳ Desplan le vint trouver et le P. Vigneraud de la part du roy, et sur les 6 ou 7 heures du soir, il vint par le costé du parc au chateau neuf et entra par la gallerye de la reyne ou le roy s'avancea pour venir à luy, et M<sup>r</sup> le Colonel luy dit : « Sire. . . . . . .

. . . . . . . . . . . . . . . »
Aprez le roy le mena à une fenestre où il luy parla longtemps fort confidemment, luy dit, entr'autres cho-sos, que Monsieur estoit fort destracqué et qu'il n'eust pas esté 8 jours hors d'auprez de luy qu'il eust voulu pour beaucoup ne l'en avoir point osté.

Ensuitte le roy envoya quérir Monsieur et en luy presentant M. le Colonel luy dit. . . . . . . .

. . . . . . . . . . . . . . . .

Toutte la cour fit de sy grands honneurs et donna de telles louanges à M<sup>r</sup> le Colonel qu'il ne s'y peult rien adjouster et les témoignages d'affection et d'estime que Monsieur luy a renduz et Madame la Marquise sont au-delà de tout ce qui s'en peult dire et escrire.

Dès le soir mesme, M. le Colonel fit touttes ses charges dans la maison de Monsieur (excepté celle de gouverneur) et coucha dans sa chambre ainsy que de coustume.

Encor que les lettres de Premiers gentilhommes de la chambre de Monsieur eussent esté expédiées, néant-moins elles n'avoient point esté déllivrés à M<sup>rs</sup> de B... et de Préaux.

## SEPTEMBRE

*Dim.* 1ᵉʳ.

*Sam.* 14. — Mʳ Arnauld, mestre de camp du régiment de Champagne et gouverneur du fort Louis meurt à Terreneuve, maison joignant les portes de Fontenay le Comte en Poictou où il s'estoit faict porter du fort. Sa maladie qui estoit une grande fiebvre continue dura 19 jours ; il tesmoigna une extresme constance et piété, et lorsque ne pouvant plus parler, les capucins qui l'assistoient avec plusieurs autres gens d'eglise luy dirent de tesmoigner par quelque action qu'il entendoit ce qu'ilz luy disoient et mesme de faire quelque acte de contrition, il deschira à l'instant avec grande force sa chemise à l'endroit de l'estomac et se donna plusieurs grands coups sur la poictrine en levant les yeux au ciel ; il fit aprez signe que l'on luy apportast un crucifix qui estoit dans la chambre, lequel il tint tousiours et mourut l'ayant entre les bras.

Sa maladie procéda de 2 choses : la 1ʳᵉ, des fatigues incroyables qu'il a souffertes dans le fort dont l'air est extrêmement mauvais, et où il a passé 2 estez sur un roc tout brulant et deux hivers sur le bord de la mer sans avoir autre logement que des huttes faictes de planches et sans qu'il se soit passé une seulle nuict qu'il n'ayt faict plusieurs rondes et la seconde, des violens

desplaisirs qu'il a receuz de se voir sy mal traicté depuis
que le Marquis de La Viéville fut dans les affaires,
qu'aprez avoir despendu tout son bien à servir le roy il
se trouva réduict dans la nécessité d'emprunter cent
escuz pour se faire porter malade à Fontenay.

Tout ce qu'il avoit de bien au monde a esté par luy
employé en deux choses dont ny luy ny les siens n'ont
receu aucune sorte de recompence. La $1^{re}$ en la cons-
truction du fort et en la despence qu'il a esté obligé d'y
faire pour y dignement servir le roy ; ce qui luy cousta
$L^m$ livres, et la seconde en l'achapt du regiment de Champagne qui luy cousta $xxv^m$ livres.

On ne peult refuser à sa mémoire la gloire d'avoir
faict deux choses très signalées et très-difficiles pour
un particulier ; la première d'avoir construit principallement à ses despens et entièrement par son travail invincible et par son extresme activité la place du royaume
qui se peult dire aujourdhuy la plus importante, puis
que, toutes les fois qu'il plaira au roy, elle est capable
de ruyner La Rochelle, et la seconde, d'avoir tellement
restably la discipline militaire dans l'infanterye qu'il se
peult dire sans le flatter qu'entre une légion Romaine et
le regiment de Champagne en l'estat qu'il l'a laissé il
n'y avoit autre différence que le nombre d'hommes.

Sa mort a faict en mesme temps en l'esprit des Rochelois ses mortelz ennemis deux effects sy contraires
qu'ilz semblent incroyables ; car, aprez avoir jetté des
larmes de joye lors qu'ilz se sont vus délivrez de celuy

par le seul esprit et le courage duquel un fort qui n'estoit que commencé à peine se peult dire maintenant une citadelle espouvantable à leur ville et invincible à tout le party Huguenot ; ilz n'ont peu s'empescher, quoy que mauvais François, de jetter des larmes de tristesse en considerant combien le royaume perd, en perdant un tel homme, l'admiration de sa vertu se trouvant plus forte en eux que la haine qu'ilz avoient conceue contre luy à cause du dommage qu'ilz en recevoient.

Sa passion incomparable de servir sa religion et son pays l'ayant mis en estat de se voir sans aucun bien et par conséquent sans héritiers pour luy succéder, Dieu par une juste recognoissance a donné assez de courage à tous ceux qui portent son nom, non seullement pour réputer à gain la perte d'un bien sy glorieusement employé à acquérir de l'honneur, mais aussy pour refuser la récompence en argent que le roy leur vouloit faire et ne point mettre à prix les signallez services d'un homme qui peut tenir rang entre les plus illustres de son siècle.


## OCTOBRE

*Mard.* 1ᵉʳ.

*Jeud.* 3. — Le roy ayant receu le soir auparavant aprez son souper une lettre de Mʳ de Pisieux qui luy donnoit adviz de M. le Chᵉʳ (Chancelier?) son père, Sa

Majesté envoya querir en mesme temps M$^{rs}$ les ministres et leur déclara sa volonté de vouloir que M$^r$ Le Garde des Seaux Haligre fust chancelier, ainsy que ses provisions le portoient, et le lendemain matin luy fit faire le serment avec grand tesmoignage de joye, et fut présenté au Parlement le... Décembre.

M$^r$ de Lyancour achepte C$^m$ livres de M$^r$ le duc de Chevreuse la charge de 1$^{er}$ gentilhomme de la chambre et sert en l'année 1625.

*Environ* 8 *ou* 9. — Le roy signe les articles du mariage d'entre M$^r$ le Prince Thomas et M$^{lle}$ de Soissons.

*Lund.* 14. — Le roy résoult dans son Conseil tout d'une voix la chambre de justice contre les financiers.

*Mercred.* 30. — M$^r$ le Chancelier estant venu à Paris fait l'ouverture de la chambre de justice.


NOVEMBRE

*Vend.* 1$^{er}$.

*Sam.* 2. — Les reynes de retour de S$^t$ Germain à Paris.

*Dim.* 11 — Le roy de retour à Paris.

*Sam.* 16. — Baradas, filz d'un capitaine du régiment de Navarre, sorty naguères de page de la petite escurye auprez M$^r$ de Lyancour commence à entrer en grande faveur auprez du roy et Bauton est disgacié. — Il fut racommodé avec le roy par les reynes ; mais en effect il demeura sans aucun crédit. — Le subject aparent de sa defaveur fut pour avoir parlé pour les financiers.

*Jeud.* 21. — A minuict le roy ayant receu un courrier d'Angleterre portant que le mariage estoit resolu, il envoye esveiller les ministres pour leur en dire la nouvelle. Le samedi 23. Les articles furent signez et les feuz de joye faictz et le dimanche 24 il y eut grand bal au Louvre. Aprez qu'au premier bransle le roy eut mené la reyne, Monsieur Madame, et M$^r$ d'Elbeuf, M$^{lle}$ de Montpensier, il se dansa un autre bransle auquel le roy mena la Reyne, M$^r$ le Comte de Carles (ou le mydlord Riche) Madame, et Monsieur M$^{aulle}$ de Montpensier. Le Roy ne voulut que ledit ambassadeur d'Angleterre menast Madame sans scavoir auparavant sy Monsieur le trouveroit bon ainsy qu'il fit, d'autant que par ce moyen ledit ambassadeur précédoit Monsieur, à cause que le bal va selon le rang des dames.

*Jeud.* 28. — A 4 heures 3/4 du matin ma femme acouche à Pomponne d'une fille nommée Angelique par ma mère et mon cousin de Corbinelli qui la tindrent sur les fondz le lendemain.


DÉCEMBRE


Le marquis de Cœuvres se rend maitre de la Valteline.

TIRÉ À VINGT-CINQ EXEMPLAIRES

PAR MALVANO, IMPRIMEUR

A NICE

Décembre 1902

NICE. — IMPRIMERIE ET LITHOGRAPHIE MALVANO, RUE GARNIER, 1.

# JOURNAL INÉDIT

## DE

# ARNAULD D'ANDILLY

(1625)

# JOURNAL INÉDIT

DE

# ARNAULD D'ANDILLY

# JOURNAL INÉDIT

DE

# ARNAULD D'ANDILLY

## 1625

PUBLIÉ D'APRÈS LE MANUSCRIT AUTOGRAPHE

PAR

EUGÈNE HALPHEN

ET

JULES HALPHEN

PARIS

CHAMPION, LIBRAIRE-ÉDITEUR

Quai Voltaire, 9

——

1903

A BERTHA EUGÈNE HALPHEN

10 Décembre 1903

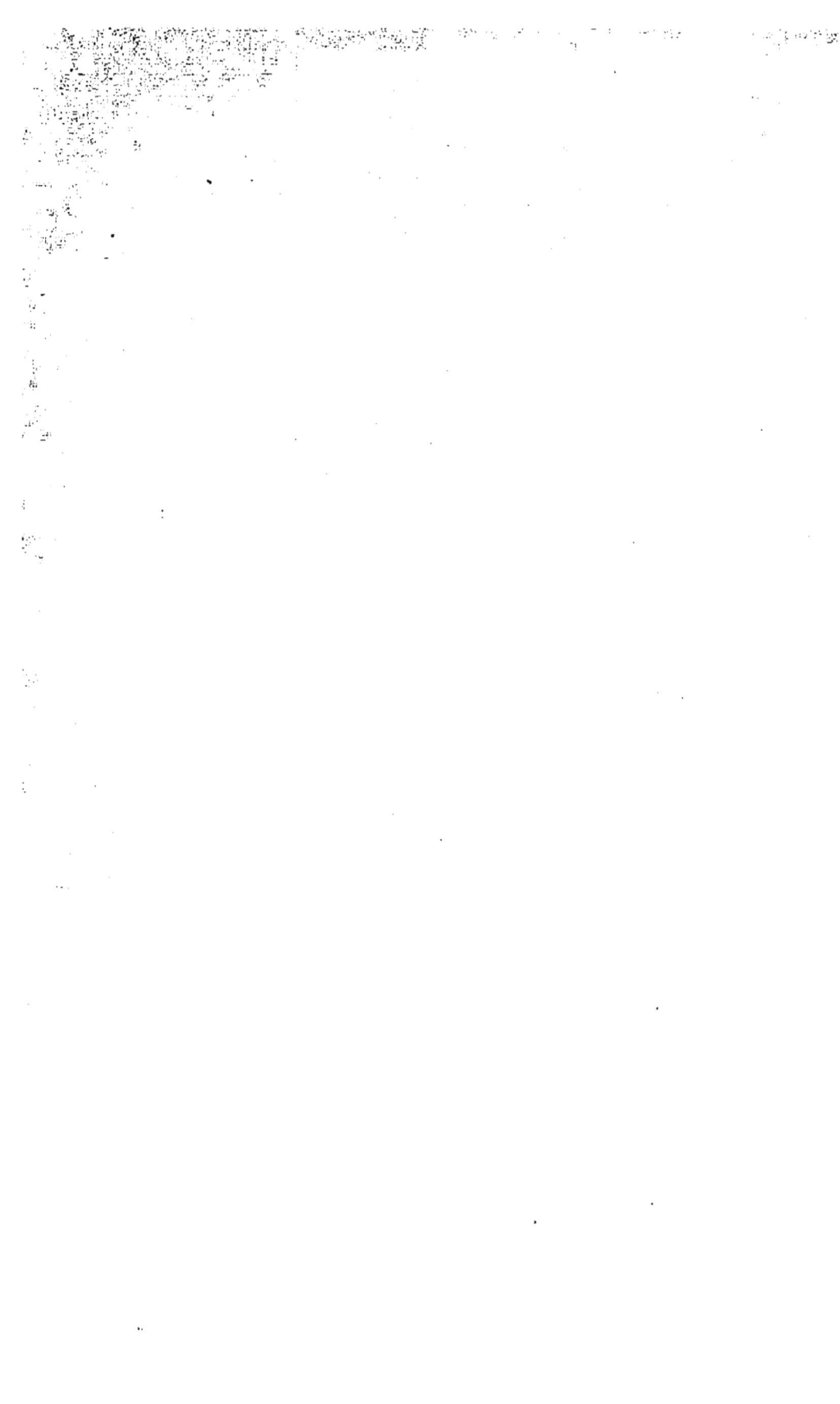

L'année 1625, comme toutes les autres du Journal d'Arnault, donne des détails utiles à l'histoire et à l'étude des mœurs, qui ne sont pas ailleurs. Une partie des personnages des années précédentes reparaissent, quelques nouveaux se montrent et nous avions l'intention de consacrer à chacun d'eux une courte notice biographique. Les maladies ne nous ont pas laissé le temps de faire les recherches nécessaires ; nous prions le curieux de l'histoire qui nous lira de nous excuser, nous joindrons les notes de 1625 à celles de 1626. Le texte inédit a sa valeur propre que rien ne peut remplacer ; les notes souvent ne disent au lecteur que ce qu'il sait déjà.

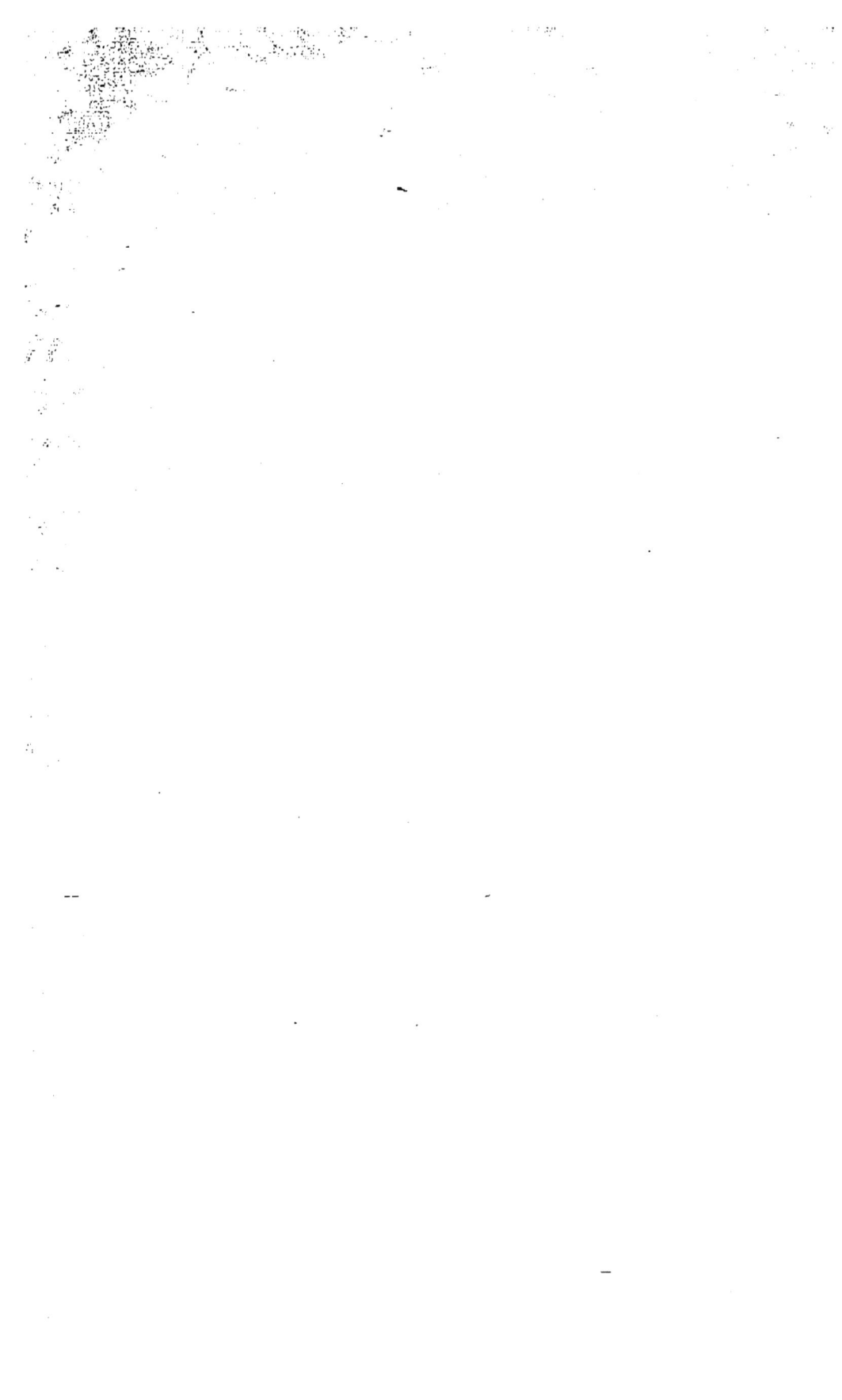

# ˜JOURNAL INÉDIT

DE

# ARNAULD D'ANDILLY

## 1625

---

## JANVIER

*Mecred.* 1ᵉʳ. — Mʳ de Soubise s'embarque à La Rochelle
à dix heures du soir dans 3 vaisseaux avec Mʳ de Lou-
driac et 25 ou 30 gentilzhommes. Va à La Tranche, où
il trouve encor 3 autres vaisseaux et de là en l'isle de Ré,
où il en achepta un Flamen tout outillé xɪɪᵐ livres qu'il
paya comptant et bailla 2 ou 3 pistolles à chasque soldat
et mathelotz ; ce que l'on tient pour asseuré avoir esté
de l'argent du roy d'Espagne qui a traicté avec les
Huguenotz de France par l'ambassadeur qu'il tenoit en
Angleterre.

Mʳ de Soubise estant arrivé en Ré, les catholiques
prirent incontinent l'espouvante, et les Huguenotz
devinrent les maistres. — Mʳ Bri, commissaire pour le
roy.

Mᵣ de Soubize s'estant mis à la voile à Ré avec 9 ou 10 vaisseaux s'en alla à Blavet, où il prit dans le port tous les vaisseaux de Mᵣ de Nevers que le roy avoit acheptez. Un gentilhomme Italien qui commandoit dans le galion de la Vierge se fit tuer à coups de picques, ne s'estant jamais voulu rendre.

Mᵣ de Soubize n'ayant pu surprendre le fort de Blavet pilla le bourg et s'y retrancha jusques à ce que, Mᵣ de Vendosme et Mᵣ de Retz s'estant aprochez de luy avec quelques troupes, il remonta sur ses vaisseaux et partit le mercredy 5 febvrier à 10 heures du soir avec perte de deux vaisseaux, dont l'un nommé le Sᵗ Francois est de ceux de Mᵣ de Nevers.

*Mecred.* 15. — Mᵣ Durand, ministre de Charenton, accompagné de 3 autres deputez du consistoire, parle au roy dans son conseil secret pour désavouer l'action de Mᵣ de Soubize.

*Sam.* 26. — Mᵣ de Beaumarchais condamné par arrest de la Chambre de justice à estre pendu en effigie ; ce qui fut exécuté le lundy à une heure aprez midy, nonobstant toutes les poursuittes de Mᵣ le Maréchal de Vitry pour surseoir. Mᵣ de Bellegarde estoit le principal entremetteur. — Le tableau fut osté le soir et n'a point esté remis ; depuis ceux de La Barre et Donon trésoriers de l'artillerie, et Aubert commis de l'un d'eux ayans esté ostez ilz furent remis par arrest de la Chambre de justice.

*Mard.* 28. — M^r le Chevalier de Valencay appelle pour M^r de Bouteville M^r le Marquis de Portes dans l'hostel de Montmorency. (Le subject de la querelle estoit premièrement pour la charge de viceadmiral que M^r de Portes avoit eue aprèz la mort de M. de Bouteville le père, et puis pour la charge de 1^er gentilhomme de la Chambre que M^r de Montmorency avoit faict espérer à M^r de Bouteville auparavant qu'il allast en Hollande et à laquelle M^r le Marquis de Portes prétendoit). M^r le Marquis des Portes faisant semblant d'aller chez M^r d'Herbaut envoya quérir Canois pour l'accompagner et estant en carosse avec luy et le Chevalier de Valencay allèrent.....[1] où ilz se battirent à l'espée seulle. M^r le Marquis de Portes ayant receu un coup dans la cuisse vint aux prises et se trouva sur M^r de Bouteville qui prenant son espée par le tranchant et ainsy l'eust peu tuer s'il ne s'en feust aperceu. Cependant M^r le Chevalier de Valencay et Canois s'estant porté d'un contretemps et M^r le Chevalier n'ayant receu qu'un coup dans le costé qui n'étoit pas avant, et Canois en ayant un à travers le corps dont il tomba, le chevallier vint séparer Bouteville et Portes qui s'en allèrent ensemble à l'hostel de Montmorency et le chevallier se retira chez M^r d'Elbeuf.

1. En blanc.

## FEBVRIER

*Sam.* 1ᵉʳ. — Mʳ D'Alincour ayant faict prendre par le capitaine ou le lieutenant de ses gardes un conseiller du présidial de Lyon qui travailloit en vertu d'une commission de la chambre de justice à informer de quelques levées de deniers faictes en Lyonnois sur le peuple par l'authorité de Mʳ D'Alincour sans commission du roy, la chambre de justice par arrest donna un decret d'adjournement personnel contre le dit Sʳ D'Alincour.

Depuis Mʳ d'Alincour ayant esté mandé par le roy et estant venu pour se justifier, et Mʳ de Lyon ayant envoyé des deputez pour se plaindre de luy, ceste affaire fut fort agitée au Conseil en présence de Sa Majesté qui voyoit elle mesme les principalles pièces produictes contre Mʳ d'Alincour et fut arresté un règlement, Sa Majesté mesme y opinant, lequel se passa fort au desavantage de Mʳ D'Alincour.

## MARS

*Sam.* 1ᵉʳ, — Un gentilhomme de Normandie nommé La Brethonnière, enseigne de la compagnie de gens d'armes de Mʳ le Colonel et qui par sa faveur avoit cy-devant obtenu le brevet de la charge de premier veneur de Monseigneur ayant perdu les bonnes grâces de mondit Seigneur à cause des mauvais offices qu'il avoit renduz à M<sup>r</sup> le Colonel du temps de M<sup>r</sup> de La Viéville et ne pouvant se remettre bien auprez de mondit Seigneur, le Vendredy dernier jour de febvrier, le Baron de Beuvron, cousin germain dudit de La Bretonnière vint aborder M<sup>r</sup> le Colonel dans la grande salle du Louvre à l'issue du sermon du Père Segueran et aprez luy avoir parlé de l'accommodement que La Bretonnière pensoit faire de la charge de 1<sup>er</sup> veneur avec M<sup>r</sup> de La Palue, qui a la meute pour chevreuil, et que M<sup>r</sup> le Colonel luy eust respondu qu'il ne s'en vouloit nullement mesler, pour ce que tout ainsy qu'il ne voulloit point rendre de mauvais offices à La Bretonnière, il n'avoit aussy nul desseing de luy en rendre de bons, M<sup>r</sup> de Beuvron respondit : « Mais, Monsieur, quel contentement peult donc espérer M<sup>r</sup> de La Bretonnière ? » M<sup>r</sup> le Colonel respondit : « Monsieur, c'est de quoy je me metz guères en peyne. » Sur cela M<sup>r</sup> de Beuvron dit : « Monsieur, vous pourrois-je dire un mot ? — Très-volontiers, respondit M<sup>r</sup> le Colonel et le mena vers la fenestre. M<sup>r</sup> de Beuvron commencea par de grands compliments, disant qu'il eust désiré qu'il eust esté maréchal de France, comme il le méritoit il y a si longtemps, affin de n'estre point obligé de luy porter une parole dont il estoit chargé. M<sup>r</sup> le Colonel luy dit : « Monsieur, je vous entens bien. — Il est vray, replicqua M<sup>r</sup> de Beuvron, que M<sup>r</sup> de La Bretonnière desire de vous voir l'espée à la main. — Je luy donneray ce contentement de très-bon cœur, res-

pondit M^r le Colonel. Quand désire-t-il que ce soit. —
Demain, à 5 heures du matin, respondit M^r de Beuvron.
— Cela ne se peult, dit M^r le Colonel ; car, couchant
comme je fais dans la chambre de Monsieur, on auroit
soupçon en me voyant sortir sy matin ; mais je pourray
m'eschaper à deux heures aprez midy. Il fault maintenant resoudre le lieu. — Ce sera à Argenteuil, si vous
le trouvez bon, dit M^r de Beuvron. — C'est trop loing,
dit M^r le Colonel, et puis je ne scay pas le chemin. Je ne
veux point avoir besoin de guide. Les lieux que je scay
auprez Paris, c'est Charenton, le bois de Vincennes, le
bois de Boulongne et Longchamp. — Longchamp sera le
plus propre, dit M^r de Beuvron. » Ainsy ilz resolurent
Longchamp et que M^r de Beuvron ne reverroit plus
M^r le Colonel, affin de ne donner point de soupçon,
comme aussy que M^r le Colonel meneroit avec luy
M^r de Chaudebonne auquel il avoit esté obligé de s'engager de parolle sur l'adviz qu'il luy avoit donné le
premier que ceste affaire pourroit arriver. M^r le Colonel
ayant demandé comment La Bretonnière se vouloit
battre, M^r de Beuvron respondit : « à pied — à pied,
soit ; dit M^r le Colonel. Et comment ? — Avec l'espée
seulle, dit M^r de Beuvron. — Je le veux, dit M^r le
Colonel. Grande ou petite ? Une espée ordinaire, dit
M^r de Beuvron. — Il sera bien ainsy, dit M^r le Colonel.
Je n'en porteray qu'une qui me viendra à la ceinture.
(Ainsy qu'il fit ; mais La Bretonnière avoit une brette).
Le lendemain M^r le Colonel ayant disné de bonne heure

fit venir un carrosse dans la cour du Louvre, feignant de voulloir aller à la ville, et ayant donné ordre que M$^r$ de Chaudebonne l'attendist dans la gallerye et eust envoyé deux de ses chevaulx et de ses lacquais au bas de la grande gallerye vers les Thuilleryes, il s'en alla chez la reyne, affin de se desfaire des gentilzhommes qui le suivoient, lesquelz ne pouvoient entrer avec luy, à cause qu'elle estoit à la messe. Il se rencontra que la messe ne faisoit que commencer ; ce qui l'arresta beaucoup, à cause qu'il n'osoit pas traverser la chambre durant la messe. Aprez la messe il sortit par le cabinet du roy, lequel luy parla et l'amusa encores, puis entra dans la gallerye où il trouva M$^r$ de Chaudebonne avec lequel il s'en alla pour descendre par la porte du grand pavillon avec les passe partout de Monsieur qu'il avoit pris. En mesme temps un gentilhomme, nommé Du Pont ayant apellé M$^r$ De La Palue et Monsieur l'ayant sceu y ayant envoyé pour les arrester et commandé que l'on allast advertir M$^r$ le Colonel pour y donner ordre, lorsque l'on vit qu'il n'estoit plus ny chez la reyne ny chez le roy, on se doubta incontinent qu'il estoit embarqué dans la même querelle ; et en mesme temps (tandis que l'on en alloit donner adviz à Monsieur) M$^r$ de Mazargues et les gentilzhommes de M$^r$ le Colonel courans à la gallerye virent M$^r$ le Colonel qui s'en alloit courant avec M$^r$ de Chaudebonne, et ayant couru aprez ilz ne peurent l'atraper à cause qu'il leur ferma la porte au nez ; ce que voyans ilz crièrent par les fenestres de la gallerye au corps de garde qui est là de les arrester. En mesme temps les soldatz ayans couru, ilz arrestèrent un des chevaulx de M<sup>r</sup> de Chaudebonne ; mais ilz ne peurent prendre l'autre à cause que M<sup>r</sup> le Colonel y arriva avant eux et monta dessus, M<sup>r</sup> de Chaudebonne estant à pied fut arresté par les soldatz des gardes, et M<sup>r</sup> le Colonel s'en alla seul. Monseigneur estant adverty que M<sup>r</sup> le Colonel avoit brouilleryc se leva de table où il ne faisoit que de se mettre et s'en alla à perte d'haleyne dire au roy qu'il luy demandoit justice de La Bretonnière, lequel meritoit la mort pour touttes sortes de raisons, puis qu'outre ce qui est de l'ecdict des duelz, il estoit enseigne de la compagnie de gensd'armes de M<sup>r</sup> le Colonel. Le roy dit qu'il y falloit donner ordre et qu'il y envoyast aussy des siens. A l'instant Monsieur s'y en va luy mesme, et ayant commandé que l'on luy menast des chevaux se jetta dans le carrosse de M<sup>r</sup> le Colonel qu'il trouva dans la cour du Louvre, et ayant rencontré un soldat des gardes luy prit son espée. Les chevaux par l'extresme froid et le mauvais chemin qu'il faisoit ne pouvans plus tirer le carrosse qui estoit fort chargé demeurèrent un peu au-delà des Thuilleryes. Aussy tost Monsieur qui estoit dans une fureur non pareille se mit à courir à pied jusques à ce que l'on luy eust amené deux chevaux, dont ayant baillé l'un à son escuyer il monta sur l'autre sans manteau et en bas de soye par un froid extresme, ayant seulement son espée, et, comme plusieurs des siens qui estoient à pied le vou-

lussent empescher d'aller sy seul, il se fascha, leur
commanda de le laisser et s'en alla à toutte bride.
Cependant plusieurs ayans couru en la plus grande dilligence qu'ilz avoient peu selon qu'ilz avoient rencontré
des chevaux, M<sup>r</sup> de Puylaurens joignit M<sup>r</sup> le Colonel
vers le Bois de Boulogne, et, luy ayant dit qu'il ne se
pouvait battre pour ce que M<sup>r</sup> de Chaudebonne estoit
arresté et que Monseigneur venoit en dilligence, M<sup>r</sup> le
Colonel respondit que, puisque de La Bretonnière avoit
tant désiré de le voir l'espée à la main, il luy en falloit
faire passer son envye, et qu'encor que M<sup>r</sup> de Chaudebonne fust arresté, cela ne romproit pas la partye, puis
qu'il s'asseuroit qu'il ne refuseroit pas de le servir en
ceste occasion. M<sup>r</sup> de Puylaurens ayant respondu qu'il
luy faisoit trop d'honneur, il s'en alla avec luy ; mais
M<sup>r</sup> des Ouches estant allé par un autre costé dans
Longchamp et entré dans la première maison qu'il
rencontra pour y apprendre des nouvelles, il y trouva
La Bretonnière et le Baron de Beuvron ausquelz il dit
que Monseigneur venoit en telle fureur qu'il ne faisoit
pas seur là pour eux, et que, sy M<sup>r</sup> le Colonel n'estoit
désja arresté, il estoit impossible qu'il ne le fust, veu la
quantité de gens qui avoient couru voyans Monseigneur
en campagne ; tellement qu'ilz se retirèrent, et Monseigneur ayant joinct M<sup>r</sup> le Colonel qui avoit désja esté
arresté par d'autres et luy ayant fait mille caresses, il
vouloit à toutte force soubz prétexte de chasser aller
prendre La Bretonnière pour le mener luy-mesme à la

conciergerye ; Mais M^r le Colonel le conjura tant qu'enfin il revint à Paris et fut (excepté le temps de voir le roy, de faire un tour d'un quart d'heure à la foire et de souper) jusques à deux heures aprez minuict chez M^r le Colonel où vint générallement toutte la Cour excepté M^r d'Angoulesme, M^r le Comte de Harcour.

Monseigneur obtint du roy que dès le soir mesme M^r le Colonel viendroit coucher au Louvre et qu'il le verroit 3 jours aprez, ainsy qu'il fut faict et receut fort bon visage de Sa Majesté, laquelle recognut bien qu'il n'y avoit nullement de sa faulte.

Messieurs les Maréchaux de France ayans pris congnoissance de l'affaire par commandement du roy et s'estans assemblez diverses fois chez M^r le Maréchal de Souvré pour résoudre de quelle peyne ilz chastieroient La Bretonnière lequel avoit faict appeller son capitaine de gens d'armes, le lieutenant général de.....[1] de sa.....[1] et le superintendant d'une maison dans laquelle il pretendoit une charge, ilz avoient advisé entr'eux de le priver de sa charge d'enseigne des gens d'armes, de donner advis au roy de luy oster sa pension (ce que le roy avoit désja faict), et à Monseigneur de luy oster la charge de son premier veneur. Sur quoy M^r d'Angoulesme, comme amy de La Bretonnière, à cause de La Viéville, proposa à M^rs les Maréchaux de France qu'il meneroit La Bretonnière chez M^r le Colonel pour luy

1. Illisible.

demander pardon et luy faire toutes les submissions
qu'il scauroit desirer, ce que M^rs les Maréchaux de
France ayans jugé beaucoup plus advantageux pour
M^r le Colonel que tout ce qu'ilz pourroient ordonner, à
cause que l'un estoit volontaire et l'autre forcé, ilz
respondirent qu'en la considération de Monseigneur qui
embrassoit ceste affaire avec passion, ilz se departiroient
de la congnoissance qu'ilz en avoient prise, et ainsy le
lundy 10^e Mars, M^r d'Angoulesme mena M^r de La Bretonnière chez M^r le Colonel auquel il demanda pardon.


## AVRIL

*Mard.* 1^er.

*Vend.* 4. — Le roy achepte C m. escuz de M^r de
Lyancour (qu'il paya de l'argent de ses menuz plaisirs)
la charge de 1^er escuyer pour Baradas. — Dès S^t Germain le roy avoit desseing de donner ceste charge à
Baradas ; car en permettant à M^r de Schonberg pour
M^r de Lyancour de traicter de la charge de premier
gentilhomme de la Chambre, il stipula qu'il ne bailleroit
sa charge de premier escuyer qu'à une personne qui luy
seroit agréable. Depuis, son affection pour Baradas
estant allée tousjours en augmentant et l'ayant quelque
temps auparavant faict monter dans son carrosse, Sa
Majesté fit dire à M^r de Schonberg qu'il se souvint de la
parolle qu'il luy avoit donnée à S^t Germain touchant la

charge de 1$^{er}$ escuyer qu'il desiroit recompencer à M$^r$ de Lyancour (sans dire à qui il la vouloit donner), et en suitte ayant marchandé la charge dont il n'offrait au commencement que II$^e$ m. livres il en offrit jusques à III$^e$ m. livres, et bien que M$^r$ de Lyancour luy fist entendre qu'il en refusoit plus de IIII$^e$ m. livres, il n'en voulut jamais donner davantage, ny luy laisser la capitainerye du Petit-Bourbon qui est une des choses qui faisoit autant envye au roy comme la charge. A quoy M. de Lyancour ne se pouvant résoudre, M$^r$ de Schonberg luy dit que s'il ne le faisoit, il le ruyneroit ; sur quoy il se résolut à l'heure mesme. Le roy eut tant d'impatience d'establir Baradas dans sa charge que dez le mercredy 9$^e$ avril il l'en mist en possession et le fit coucher dans Bourbon dans un lict de velours cramoisy chamarré d'or.

*Dim.* 6. — Mort du roy d'Angleterre Jacques. — Charles, son filz unique succède, lequel tesmoigna grande affection pour le mariage de France que l'on tient qui eust été traversé par son père, qui avoit le cœur Espagnol. — Le duc de Bouquinquan, qui avoit esté favori du père, le fut aussy du filz.

*Sam.* 12. — M$^r$ De La Val, aprez avoir esté fort bien traicté du roy, part de la cour sans dire adieu et s'en va à La Rochelle.

*Dim.* 13. — M$^r$ d'Esguilly tue en duel le filz de M$^r$ de La Hottière (duquel il avoit eu la gallaire), qui l'avoit faict appeller par le Chevallier de Grignan.

*Jeud.* 17. — Les Comtes de Carlie et de Hollande, ambassadeurs d'Angleterre, conduictz par le grand maitre des cérémonies et accompagnez de Mᵣ de Chevreuse, viennent avec le grand dœuil dire au roy, aux reynes, à Madame et à Monseigneur la nouvelle de la mort du roy de la Grande-Bretagne.

*Vend.* 25. — Composition avec les financiers résolue à VII millions IIIIᶜ m. livres, Mᵣ de Beaumarchais, La Barre, d'Onon et Aubret (condemnez) exceptez. — Depuis Mᵣ de Beaumarchais fit sa composition à 2 millions de livres en payement de laquelle somme il bailla son office de tresorier de l'espargne que le roy vendit à Mᵣ Payen 1 million de livres.

*Sam.* 26. — Mort du prince d'Orange. Le prince Henry, son frère, luy succède.

## MAY

*Jeud.* 1ᵉʳ.

*Sam.* 3. — M. de Tresmes, capitaine des gardes, part pour aller ambassadeur extraordinaire en Angleterre sur le subject de la mort du roy de la Grande-Bretagne.

*Jeud.* 8. — Jour de l'Ascension. Contract de mariage signé au Louvre, et fianccailles faictes par Mᵣ le Cardinal de La Rochefoucault entre Charles Stuard, roy de la Grande-Bretagne et Madᵉ Henriette Marie. Elle estoit vestue de.....,[1] et Madᵉˡˡᵉ de Bourbon portait sa queue,

1. En blanc.

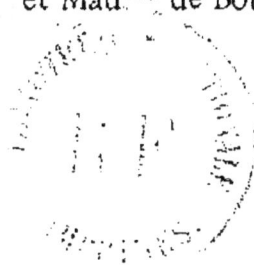

M<sup>r</sup> le duc de Chevreuse estoit porteur de la procuration du roy de la Grande-Bretagne, au lieu du duc de Bouquinquan, qui n'avoit peu venir à cause du changement arrivé par la mort du roy d'Angleterre.

*Environ* 9. — Les facultez du cardinal Barberini légat et neveu du pape ayant esté veues du parquet et examinées par petitz commissaires par le 1<sup>er</sup> Président et 6 conseillers, ledit 1<sup>er</sup> Président en fit son rapport les chambres assemblées et dit qu'il n'y avoit point de difficulté, comme estant conformes aux précédentes. En suitte 4 présidens sont du mesme adviz ; mais quant on vint à M<sup>r</sup> le Président de Bellièvre, il dit qu'il ne pouvoit opiner sur une chose qu'il n'avoit point veue et demanda que lecture fut faicte desdites facultez, lesquelles estans leues, M<sup>r</sup> Brussel remarqua que le pape ne donnoit point au roy la qualité de roy de Navarre ; ce qui se faisoit à desseing, à cause que nous l'avons perdue qu'en vertu d'une excommunication du pape. Le parlement trouva cela sy bon qu'il remercia M<sup>r</sup> de Brussel en corps et ordonna que dans 2 mois M<sup>r</sup> le légat rapporteroit un bref portant que par obmission ladite qualité de roy de Navarre n'avoit pas esté donnée au roy, et qu'à faulte de rapporter ledit bref, tout ce que le legat feroit seroit nul.

*Dim.* 11. — Mariage de Mad<sup>e</sup> Chrestienne avec le roy d'Angleterre.

On alloit par-dessus un eschaffault depuis l'evesché jusques à l'eschafaut qui estoit devant la grande porte de Notre-Dame, et on marchoit en cest ordre ; haubois, trompettes etc. — Chevalliers de l'ordre. — Mareschaux de France, ducs et pairs. — Comtes de Carlie et de Hollande ambassadeurs et au milieu d'eux M<sup>r</sup> le duc de Chevreuse, procureur du roy de la Grande-Bretagne et représentant sa personne, Madame avec couronne de pierreries, robe de velours violet avec fleurs de lys et doublée d'hermines. — Elle estoit menée par le roy qui avoit un habit en broderye d'or (avoit dit qu'il n'en auroit point, affin que personne n'en eust) et par Monseigneur, lequel estoit couvert. (Conty, Bellegarde et Bassompierre avoient voulu persuader au roy qu'il devoit aller descouvert) Sa queue estoit portée par Mesdames les princesses de Condé, Conty, Soissons et Montpensier qui avoient chascune une queue que l'on portoit, Mesdames les duchesses de Guise, de Chevreuse et d'Elbeuf, douairière et fille suivoient avec aussy de grandes queues. M<sup>r</sup> le Cardinal de La Rochefoucault fit les espousailles, dont M<sup>r</sup> l'archevesque de Paris (lequel pretendoit les debvoir faire et estoit assisté en cela de M<sup>rs</sup> les archevesques et evesques) fut sy marry qu'il s'en alla à Noisy dès 6 heures du matin. De dessus l'eschaffaut ils s'en allèrent dans le cœur de l'Eglise Notre-Dame par un grand escallier de bois qui estoit tout du long de la nef. La queue de Mademoiselle n'estoit lors portée que par deux princesses à cause de l'embarras.

M<sup>r</sup> de Chevreuse n'y fut point et se retira avec les ambassadeurs, à cause que représentant la personne du roy de la Grande-Bretagne il ne pouvoit assister à la messe ; mais luy et les ambassadeurs avoient esté auparavant la cérémonie se promener dans l'église. — Touttes les compagnies souveraines en corps, le parlement en robbes rouges, et M<sup>rs</sup> des Comptes avec robbes de velours et de satin estoient à la cérémonie qui se fit dans le cœur, où M<sup>r</sup> de Chartres (Valence) dit la messe à 5 heures et demye du soir. Il n'y avoit soubz le daiz que le roy, les 3 reynes et Monseigneur, chascun dans une chaise à bras (Monseigneur en eut une suivant l'exemple du colloque de Poissy où feu Monsieur en avoit eu une), et estoient disposez ainsy qu'il s'ensuit :

o    o    o    o    o

Monseigneur.    Reyne de France.    Reyne de Grande-Bretagne.    ROY.    Reyne mère.

Les princesses du sang estoient à la main droicte et y debvoient estre toutes ; mais neantmoins il n'y eut que

Madame la Princesse, Madame la Comtesse et Mademoiselle de Montpensier, pour ce que Madame la Princesse
de Conty voulant, selon sa coustume, relascher de ce
qui est deub à sa qualité de princesse du sang, pour
advantager la maison de Lorraine, au lieu de se mettre
en suitte de Madame la Princesse, elle dit que, puisque
Madame la Princesse tenoit la main droicte, il estoit
raisonnable qu'elle se mist viz à viz d'elle à la main
gauche, et ainsy elle se mit à la teste des princesses de
Lorraine qui s'assirent immédiatement aprez elle.

Mr de Lyancour, 1er gentilhomme de la chambre et
en armes servoit de grand chambellan au lieu de Mr de
Chevreuse ; mais en qualité de 1er gentilhomme de la
chambre, ses compagnons et luy obtinrent d'avoir rang
en la cérémonie.

Au souper dans la grande salle de l'evesché la table
tenoit toute la longueur de la salle et fut servye magni-
fiquement en cérémonie. Tous les maîtres d'hôtel marchoient avec tambours, fifres, etc. devant Mr le Grand
Prieur qui servoit de grand maitre au lieu de Mr le Comte
de Soissons qui s'en estoit allé à Creil quelques jours
auparavant affin de ne point voir le mariage de Madame
qui luy avoit autresfois esté promise.

On estoit assiz à table en l'ordre cy représenté :

o Mad^me de Chevreuse.

**TABLE**

- o Mademoiselle de Montpensier.
- o Comtesse de Soissons.
- o Princesse de Conty.
- o Princesse de Condé.
- o Monseigneur sur un escabeau (debvoit au moins avoir chaire à doz).
- o Reyne de France.
- o Reyne mère du roy.
- o ROY.
- o Reyne d'Angleterre.
- o Duc de Chevreuse.
- o Comte de Carlie.
- o Comte de Hollande.
- o Duchesse de Guise.
- o Douairière d'Elbeuf.
- o Duchesse d'Elbeuf.

La reyne mère du roy voulut donner la serviette au roy et insista fort ; mais le roy ne la voulut recevoir, et ainsy la serviette demeura entre eux deux sur la table, et Mr de Beaumont, 1er maître d'hostel, la bailla au roy.

Aprez, la reyne regnante insista aussi fort longtemps et de fort bonne grâce pour bailler la serviette à la reyne mère du roy qui la refusa.

Mr le Prince de Jiuville, Mr d'Elbeuf et Mr le Comte de Harcour servoient le roy, de grand pannetier, grand eschanson et tranchant.

Mrs d'Usez, de Luxembourg et de Bellegarde servoient la reyne mère du roy ;

Mrs de Chaulnes, d'Alluin et de Brissac la reyne de France ;

Mrs les Mareschaux de Vitry, d'Ob..... erre et de Bassompierre la reyne d'Angleterre.

Tous ceux que dessus servoient de l'autre costé de la table ; ce que l'on appelle par devant.

Il y eut contestation entre Mr d'Haluin et Mrs de Bellegarde et de Brissac touchant la préséance à cause que receu le dernier en qualité de duc à un duché créé auparavant les autres ; le roy les renvoya au conseil pour estre jugez. Le Conseil ordonna qu'ilz seroient renvoyez au parlement pour y estre reglez et qu'en la cérémonie qui se presentoit les uns prendroient à l'église et les autres au festin et que l'on jetteroit au sort à qui commenceroit à prendre.

Mr le Colonel d'Ornano servoit Monseigneur par derrière sa chaire, le roy ayant ordonné que Monseigneur ne seroit servy qu'en ceste sorte, sur ce qu'il dit qu'estant daulphin, il avoit esté servy de mesme aux nopces de M$^r$ de Vendosme.

*Mecred*. 14. — Le roy commence à se trouver mal d'une fluxion pour laquelle il fut purgé diverses fois et saigné deux.

## LEGAT

Dès le 15 avril, le roy avoit envoyé à Lyon M$^r$ de S$^t$ Chaumont, Chevallier de l'ordre, avec quantité d'officiers de Sa Majesté pour servir M$^r$ le legat qui avoit de son train environ 160 bouches.

On fit entrée à M$^r$ le legat par toutes les villes, comme à Vienne, Lyon, Rouane, Dezise (où M$^r$ le Prince vit M$^r$ le légat lequel dans son propre logis ne luy offrit ny la porte ny la main droicte), Nevers et Orléans. Il avait loué des chevaux à Avignon qui le menèrent jusques à Rouane, où le roy luy fit bailler 50 basteaux qui l'amenèrent jusques à Orléans, où Sa Majesté luy envoya 25 carrosses tant des siens que des reynes et quelques uns de louage. La personne du légat vint dans un carrosse tout neuf faict pour celle du roy, qui ne s'en estoit point encor servy.

Le Seigneur Magaloti, oncle maternel du légat et fort habile homme, qui estoit venu pour luy servir de principal conseil en sa negotiation, meurt à Paris (où il estoit venu devant), d'une fiebvre pourpre.

M$^r$ l'Archevesque de Tours et les Evesques de

Maillezais.....[1] et Nismes furent à Orléans pour saluer de
la part du roy M[r] le légat ; mais il ne voulut pas recevoir,
à cause qu'ilz ne voulurent pas prendre le mantelet pour
couvrir le rochet (qui est la marque de la jurisdiction),
ainsy que les evesques font à Rome devant le pape.
Les raisons du legat, sont que la jurisdiction des evesques cesse devant celle du pape lequel il représente, que
la constitution est expresse pour ce subject dans le rituaire
Romain, et qu'il a l'usage pour luy, cela ayant tousiours
esté praticqué de la sorte. Les evesques au contraire
disent qu'ilz ne disputent pas que l'authorité du légat
ne prévienne la leur, mais qu'elle ne l'abolit pas ; que
les libertez de l'Eglise Gallicane leur donnent ce droit
(à cela le legat dit que, s'ilz en font apparoir par quatre
lignes escriptes, il le leur cedde de bon cœur) ; que,
quant à l'usage, l'exemple du Cardinal Aldobrandin est
pour eux. M[r] de St Chaumont a dit qu'il avoit proposé
pour expedient qu'ilz verroient le legat en habit de
campagne, lorsqu'il y scroit luy-mesme estant prest à
monter en carrosse et que partant ny luy ni eux n'auroient point de rochet, ce qu'ilz ne voulurent accepter.
Depuis M[rs] les Archevesques et Evesques s'assemblèrent
plusieurs fois aux Augustins sur ce subject (ou M[r] de
Schonberg les vint trouver de la part du roy pour leur
tesmoigner que Sa Majesté désiroit bien fort que ceste
affaire s'accomodast sans neantmoins vouloir prejudicier

1. En blanc.

à leurs privilèges) et ne peurent rien resoudre jusques
au jour que le légat fit son entrée à Paris, auquel enfin
il fut résolu et exécuté qu'ilz iroient avec le mantelet
trouver M^r le legat à S^t Jacques du Hault-Pas, que ilz
luy feroient leurs harangues et l'accompagneroient à la
Cavalcade jusques à Notre-Dame avec le rochet couvert
dudit mantelet, qu'à Notre-Dame ils osteroient ledit
mantelet et entreroient dans l'eglise et chez M^r le légat
à rochet descouvert.

*Jeud.* 14. — Le roy envoye M^r le Grand Prieur, la
reyne, mère du roy, M^r de Brives en l'absence de M^r de
Montbazon, la reyne M^r le duc d'Usez, et Monseigneur
M^r le Colonel vers M^r le legat à Chanteloup pour le
visiter.

Quand M^r le Colonel arriva en carrosse dans la cour du
chasteau, au pied du degré, les gentilzhommes de M^r le
legat le vinrent recevoir au pied du degré de la dite cour, et
le conduisirent marchans devant luy jusques à la chambre
de M^r le légat, lequel estant avec son rochet sortit au-
devant de luy 7 ou 8 pas dans l'antichambre, et estans
dans la chambre luy fit bailler une chaire à bras semblable à la sienne, le fit asseoir et couvrir en mesme
temps que luy, et, aprez qu'ilz se furent entretenuz
longtemps, le vint conduire jusques à la dernière porte
de l'antichambre qui respond au degré.

M^rs les Cardinaux de la Valette et de Richelieu furent
le jour mesme visiter M^r le légat, lequel les vint rece-

voir au hault du degré, leur bailla la main droicte et les
vint conduire jusques à leur carrosse qu'il vit rouler
avant que partir.

*Mecred.* 21. — Entrée de Mr le légat à Paris. — Sans
la maladie du roy, Sa Majesté fut allée le voir à la
campagne en faisant sembler de chasser.

Mr de Nemours l'alla querir au Bourg-La-Reine où il
estoit il y a quelques jours et l'accompagna jusques à
St Jacques du Hault Pas dans le faulxbourg St Jacques,
où les Evesques le vinrent saluer et luy faire harangue,
ainsy qu'il est dit cy dessus, et tous les autres corps
aussy.
Le parlement deputa Mr le Premier Président en robbe
    noire avec
La Chambre des Comptes,
La Cour des Aydes,
Le Prevost des Marchans en robbe noire, accompagné
    du corps de ville.

Aprez que toutes les harangues furent faictes,
Monseigneur, qui estoit dans une maison voisine de
St Jacques du Hault Pas, alla trouver Mr le légat, lequel
sortit de sa chambre et le vint recevoir à l'entrée de la
salle. (Monseigneur dit à Mr le Légat : « Monsieur, j'ay
« receu avec grande joye le commandement que le roy
« m'a faict de venir au-devant de vous et de vous
« accompagner à votre entrée à Paris. L'estime que je
« fais de votre vertu et la part que je désire en votre

« amityé m'ayant faict supporter avec impatience le
« retardement du contentement que je reçois à ceste
« heure de vous venir offrir moy-mesme mon affection
« et mon service et vous asseurer du desir extresme que
« j'ay de vous en rendre des preuves) » ; et aprèz les
complimens de part et d'autre, Mᴿ le Légat insista fort à
offrir à Monseigneur le passage de la porte et la main
droicte ; mais Monseigneur le refusa tousjours disant
qu'estant dans le logis du roy, c'estoit à luy à faire
l'honneur de la maison. Aprez qu'ilz se furent entretenuz
quelque temps dans la chambre sans s'asseoir, ilz sortirent pour aller faire l'entrée ; et quand ilz furent dans
la cour, Mᴿ le légat fit encor grande cérémonie pour ne
point monter sur sa mule avant que Monseigneur fust à
cheval ; mais enfin Monseigneur ne voulant point monter le premier, il monta sur sa mulle, et Monseigneur à
cheval quasy en mesme temps.

Mᴿ le légat estoit vestu tout de tabis rouge avec un
grand rochet et un camail par dessus et son chappeau
de cardinal sur sa teste ; sa mulle estoit grise, et la
housse de velours rouge cramoisy.

Monseigneur estoit botté sur un habit de tabis verd
de mer passementé et un peu brodé avec des manches
pendantes et sans manteau. Il avoit le cordon et l'enseigne de diamant du roy qui vallent vııⁱᵉ m. livres, le
chappelet de diamant de la reyne mère du roy qui vault

iii<sup>c</sup> m. livres et ii douzaines de boutons de la reyne qui vallent mille livres pièces. Le harnais de son cheval estoit de très-belle broderye d'or sur de.....[1]

Ainsy ilz se mirent tous deux le légat à la main droicte et Monseigneur à la gauche soubz le poisle porté par 4 des corps des marchans qui changèrent en 6 divers lieux selon divers mestiers. Les valetz de pied du roy tenoient la mule de M<sup>r</sup> le legat, ceux de Monseigneur estoient auprez de luy, et ses escuyers à pied aux estrietz de son cheval. Il y avoit 8 gardes du corps du roy à l'entour d'eux aussy à pied pour empescher la presse.

La cérémonie marchoit en cest ordre :

27 muletz de M<sup>r</sup> le légat (qui pour armes a 3 mouches), dont 13 avec couvertures et armes de drap tanné, 6 avec couvertures de drap rouge avec broderye de soye à l'entour et les armes sur un escusson de satin, 8 avec des couvertures de velours rouge cramoisy en broderye de thoille d'or rouge et les armes sur de la thoille d'or bleue ;

12 petitz pages avec chausses et dessus de manteaux de velours tanné chamarrez de passement tanné et le pourpoinct et la doublure des manteaux de satin tanné découpé.

25 ou 30 gentilzhommes Italiens ; gentilzhommes de Monseigneur et autres.

Grand maître des cérémonies M<sup>r</sup> le Chevalier de

1. Un mot illisible.

Roddes faisant la charge au lieu de son neveu qui estoit parmy les gentilzhommes cy-dessus ;

8 trompettes 2 à 2 dont le 1ᵉʳ de main droicte vestu comme les estaffiers, estoit au légat et les autres au roy ;

Mʳ de Bonœuil, conducteur des ambassadeurs à droicte, et Mʳ de Mary envoyé par le pape à gauche ;

Ledit Sʳ de Bonœuil avoit contesté pour marcher derrière le daiz devant le légat et l'avoit perdu. Aprez il voulut se mettre entre les ducs et les chevalliers de l'ordre qui ne le voulurent non plus souffrir ;

Mʳˢ de Breguiel et Sᵗ Chaumont, chevalliers de l'ordre ;

Mʳ de La Cuvée, chevallier de l'ordre ;

Le roy avoit faict avertir par Lomenie, prevost de l'ordre, tous les chevalliers de l'ordre d'accompagner Monseignenr. Quand aux ducz, Sa Majesté avoit resollu qu'il n'y en auroit que deux.

Mʳˢ d'Usez et de Luxembourg, ducs et pairs de France ;

Deux masses ;

Croix portée à cheval ;

24 estaffiez vestuz comme les pages, excepté que leurs mandilles estoient doublées de frisé ;

6 suisses vestuz comme dessus ;

Mʳ le légat et Monseigneur sous le poisle ;

Mʳ d'Ouailly, capitaine des gardes de Monseigneur à droicte ;

Mʳ de Mazargues, son premier escuyer à gauche (qui est pour luy la place d'honneur à cause que c'est le

costé de l'estrier et par conséquent du service). — M<sup>r</sup> le
Colonel ;

M<sup>rs</sup> les Evesques ne vouloient pas que ces 3 fussent
entre le poisle et eux, mais ilz soustindrent qu'ilz ne
pouvoient quicter la personne de Monseigneur, et ainsy
ilz y demeurèrent.

Tous les seigneurs et gentilzhommes cy-dessus estoient bottez, et plusieurs d'entr'eux avoient des chevaux fort bien enharnachéz.

38 archevesques et évesques en housses noires à
cheval avec chappeaux noirs et cordons de soye verte,
un mantelet sur le camail et un rochet dessoubz ;

Une compagnie du régiment des gardes que l'on avoit
mis dans la rue qui va à Notre-Dame, affin d'empescher
le desordre, fut ce qui le fit, et empeschoient mesmes de
passer ceux qui estoient de la cérémonie, ayant voulu
fermer le passage aussy tost que le poisle fut passé ;
dans ceste foulle, à l'entrée de la rue qui va à Notre-
Dame un des bastons du poisle estant tombé et le poisle
se baissant, des femmes le voulurent tirer pour le baiser ;
les valletz de pied et autres croyant que l'on le voulust
prendre se jettèrent dessus et le poisle tombant sur le
cheval de Monseigneur le fit cabrer. Dans ce désordre la
presse estoit sy extresme que ce fut tout ce que l'on
peult faire que d'enlever Monseigneur et M<sup>r</sup> le légat de
dessus leurs chevaux et les porter dans une prochaine
maison ; tellement que les 3 reynes qui s'estoient mises
à une mesme fenestre prez de Notre-Dame affin de voir

oster la mulle ne virent rien du tout, et Monseigneur et
M<sup>r</sup> le légat ne se retrouvèrent que dans le cœur de
Notre-Dame. — Le Te Deum estant fini, Monseigneur
alla accompagner M<sup>r</sup> le légat jusques dans sa chambre à
l'evesché, luy donnant tousiours le passage et la main
droicte ; mais quand Monseigneur partit pour s'en revenir, M<sup>r</sup> le légat luy donna la main droicte et le passage,
et le fut conduire jusques à son carosse qu'il vit rouler
avant que partir.

*Jeud.* 22. — M<sup>r</sup> le légat fut voir le roy dans son lict et
visiter les reynes, mais non en audience publicque. Il ne
vit point Monseigneur..

*Sam.* 24. — Le duc de Bouquinquan arrive avec
4 chevaux de poste et amene avec luy le comte de Mont-
gommery. M<sup>r</sup> de Chevreuse fut au-devant de luy et le
logea chez luy. Les officiers de la bouche du roy le
servoient. — Il apporta des pierreries à la reyne de la
Grande-Bretagne, et en avoit à luy une extresme quantité. Le roy luy fit d'extraordinaires caresses et luy
donna un cordon de l.x m. livres.

*Lund.* 26. — On fit sur la rivière devant le Louvre un
feu de joye (pour le mariage d'Angleterre) qui cousta
16000 livres ; celuy de M<sup>r</sup> le Cardinal de Richelieu qui
n'en cousta que 4000 fut jugé plus beau.

*Mard.* 27. — Audiences publicques de M<sup>r</sup> le légat.

M^r de Nemours le conduisoit, M^r l'archevesque de
Paris, le grand maistre des cérémonies, le conducteur
des ambassadeurs et M^r le comte de Morre.

L'audience fut plus tard que l'on n'avoit pensé,
d'autant que le légat avoit envoyé un memoire suivant
lequel il prétendoit que le roy le deubst recevoir à la
porte de son antichambre du costé de la chambre et le
conduire jusques à la porte de la dite antichambre du
costé de la salle des gardes. Sur quoy le roy ayant
envoyé M^r le marquis de Rambouillet vers luy, il trouva
bon sans contestation (à ce qu'il m'a dit) ce que le roy
luy manda, qui fut (ainsy que je l'ai veu) que le roy le
vint recevoir à la porte de sa chambre, le mena (sans
luy offrir la main dans le passage) dans son ballustre
(où estoit au fonds dans la ruelle du lict grand chambellan, 1^ers gentilzhommes de la chambre, et M^rs de la
garde-robbe, et au pied du lict vers le coing du ballustre
vers la fenestre chancellier, et plus prez du roy M^r d'Er-
bault, secrétaire d'estat ayant le departement d'Italie).
Le capitaine des gardes estoit à la porte en dehors. Le
roy s'assit et fit assoir M^r le légat en mesme temps ;
puis le roy le conduisit, aprez qu'ilz eurent parlé assez
longtemps jusques à 3 pas dans son antichambre dans
laquelle la croix estoit demeurée.

Le feu roy avoit receu le cardinal Aldobrandin à Lyon
dans son cabinet, devant lequel il y avoit un passage
assez longuet et puis la chambre.

M^r le légat, aprez avoir veu le roy, fut voir les

3 reynes, et puis Monseigneur, où les choses se passè-
rent comme il s'ensuit.

M<sup>r</sup> d'Ouailly, capitaine des gardes de Monseigneur
alla recevoir M<sup>r</sup> le légat au bas du degré dans la cour
du Louvre — M<sup>r</sup> le Colonel sur le hault du degré —
Monseigneur au milieu du passage qui est entre la salle
de ses gardes et son antichambre, luy donna la main
droicte et le passage de la porte, le mena dans le
balustre, le fit assoir au-dessus de luy — M<sup>r</sup> de Bonœuil
servit de truchement — M<sup>r</sup> de Nemours et M<sup>r</sup> le Colonel
estoient dans le balustre, et M<sup>r</sup> d'Ouailly, capitaine des
gardes, à la porte du balustre en dehors. Monseigneur
fut reconduire M<sup>r</sup> le légat jusques sur le hault du degré,
et M<sup>r</sup> le Colonel jusques à son carrosse qu'il vit rouler.

*Ledit jour* 27<sup>e</sup>. — M<sup>r</sup> le cardinal de Richelieu fit une
collation magnifique aux 3 reynes, à Monseigneur, aux
ambassadeurs d'Angleterre et à plusieurs princesses et
dames dans la gallerye de Luxembourg, où il y eut très-
grand désordre et un très-beau feu d'artifice.

*Sam.* 31. — Le comte de Guiche sort de la Bastille,
où il avoit esté mis deux jours auparavant pour avoir
battu un huissier de la chambre du roy. Le jour de
l'audience du légat, le comte de Guiche s'estant présenté à la porte, l'huissier qu'il avoit deffence de laisser
entrer sans demander au roy, et ainsy, soit que le roy,
quand on le luy demanda, ne voulust pas qu'il entrast,
soit que l'huissier ne l'eust pas demandé, le dit huissier

en fit entrer quelques autres sans faire entrer le comte de Guiche, qui en estant picqué arracha la barbe à l'huissier, et voyant que le refuz que l'on luy avoit faict d'entrer proceddoit de M<sup>r</sup> de Courtenvaut qui faisoit lors pour M<sup>r</sup> de Lyancour, 1<sup>er</sup> gentilhomme de la chambre en armes lequel estoit allé à la ville, il l'envoya appeller, et, comme ilz y alloient, ilz furent arrestez et accordez. Le comte de Guiche, croyant que le roy ne sceust rien de cela, à cause que M<sup>r</sup> de Courtenvault avoit empesché l'huissier de luy en faire sa plainte, il alla au Louvre comme à l'ordinaire. Aussytost que le roy le vit, il commanda que l'on le menast à la Bastille et luy dit que, s'il taschoit de s'eschapper, il luy feroit trancher la teste.

## JUIN

*Dim.* 1<sup>er</sup>.

*Lund.* 2. — La reyne d'Angleterre part de Paris dans une très-belle littière en broderye d'or, et va coucher à S<sup>t</sup> Denis. La ville l'accompagne.

Le roy part aussy en resollution d'aller jusques à Amyens.

Monseigneur part aussy pour aller accompagner la reyne d'Angleterre jusques à Boulogne. — Le roy luy donne xxiiii m. livres pour les despences extraordinaires de ce voyage.

Le comte de Pontgibault se bat contre le chevallier de La Valette.

*Mard.* 3. — La reyne mère du roy et la reyne regnante partent de Paris pour aller accompagner la reyne d'Angleterre.

*Mard.* 17. — M^r le comte de Schonberg faict le serment de la charge de Maréchal de France que le roy luy donne vacante par la mort de M^r de Roquelaure.

Monseigneur, qui estoit lors à Boulogne, ayant sceu la dite mort se releva de son lict au desceu de M^r le Colonel et escrivit en sa faveur au roy et à la reyne sa mère.

Lorsque M^r de Rames arriva à Amyens et eut rendu à la reyne la lettre de Monseigneur, il trouva qu'un courrier du roy venoit d'arriver qui luy apportoit nouvelle comme Sa Majesté avoit faict M^r de Schomberg maréchal de France ; tellement que la reyne ne fut pas d'aviz que M^r de Rames passast outre ; mais elle envoya à M^r le Cardinal de Richelieu les lettres de Monseigneur au roy et à elle pour les faire voir à Sa Majesté, et M^r de Rames estant de retour vers Monseigneur, mondit Seigneur escrivit une 2^e lettre à la reyne sa mère pour luy tesmoigner son desplaisir et la supplia de l'assister envers le roy auquel Monseigneur parla de ceste affaire lorsqu'il vint un jour à Paris, et en receut bonne responce.

*Dim.* 22. — A dix heures du matin la reyne d'Angleterre s'embarque et passe en 9 heures en Angleterre ; elle se mit sur la roberge du feu prince de Galles.

*Dim.* 29 — Les reynes retournent à Paris, où le roy les vint voir le lendemain sans y coucher.

## JUILLET

*Mard.* 1ᵉʳ.

*Mecred.* 16. — Le roy envoye commander par le Père Segueran à Madame du Vernes de se retirer et de partir le mesme jour ; ce qu'elle fit, et en mesme temps envoye un courrier à Madame la Marquise de Senecey pour la mettre en la charge de dame d'atour de la reyne. Cecy fut à Fontainebleau.

Le roy faict commander aussy à Mʳ Ribeyre, 1ᵉʳ médecin de la reyne, de se retirer et donne sa place à Mʳ Seguin.

2 ou 3 jours aprez, le roy faict aussy commander à Putanges et à Du Tartre de se retirer et à.....[1]

Putanges fut remis depuis par le moyen de Mʳ le Prince.

L'admiral Hotin, qui commande les 22 vaisseaux Holandois prestez au roy par les estatz et 7 vaisseaux

1. En blanc.

François qui y sont joinctz, ayant eu divers pourparlers avec les Rochelois et leur voulant en effet donner le loisir de faire leur paix avec le roy, nonobstant tout ce qui luy fut représenté par les capitaines François qui estoient sur les vaisseaux avec lesquelz il a fort mal vescu, les Rochelois voyans le vent leur estre favorable, sans se souvenir des faveurs qu'ilz avoient receues des Hollandois, ils les allèrent attaquer et bruslèrent le vaisseau vice-admiral avec 150 hommes dedans ; en quoy ilz perdirent 4 de leurs vaisseaux qui furent bruslez par eux mesmes. Les Hollandois filèrent les cables de leurs ancres avec beaucoup de désordre et mesmes en coupèrent quelques unes.

## AOUST

*Vend.* 15. — M$^r$ le légat Barberiny dit sa première messe à Fontainebleau dans la chapelle de la Trinité ; le roy et Monseigneur estoient dans la chapelle de main droicte et les reynes dans celle à main gauche.

Auparavant que commencer la messe, M$^r$ le légat fut quelque temps à genoux devant l'autel, et puis estant vestu il vint donner de l'eau beniste au roy et aprez aux reynes; des prélatz Italiens le servoient à sa messe qui estoit basse avec musique seullement. Aprez avoir faict la saincte communion, il communia le roy et les deux reynes ensemble, auxquelz Monseigneur et Monsieur le Comte tinrent la serviecte, et aprez il communia Monseigneur seul, auquel M<sup>r</sup> le Colonel et M<sup>r</sup> de S<sup>t</sup> Chaumant tindrent la serviecte, aprez M<sup>r</sup> le légat acheva la messe et porta la paix à baiser au roy et aux reynes, et ayant entièrement fini la messe il communia les princesses, plusieurs dames et quelques autres personnes.

*Mar.* 19. — Le roy donne a disner à M<sup>r</sup> le légat dans la grande salle de Fontainebleau. Ils lavèrent ensemble ; la serviette mouillée par les deux boutz ayant esté baillée au roy par M<sup>r</sup> le Comte et à M<sup>r</sup> le légat par M<sup>r</sup> de Beaumont, 1<sup>er</sup> maître d'hostel. — La chaire du roy estoit tout en hault et sa nef auprez de luy. La chaise de M<sup>r</sup> le légat estoit en dessoubs y ayant entre deux la distance de deux chaises et sans nef. Durant le disner ilz ne se parlèrent point du tout.

Le jeudy ensuivant la reyne mère du roy donna la collation à M<sup>r</sup> le légat. Le roy et tous les principaux seigneurs et dames de la cour y estoient.

Sur ce que Messieurs du clergé avoient eu advis que le P. Segueran traversoit leurs affaires à la cour en voulant faire croire qu'il y alloit de la conscience du roy, M<sup>r</sup> l'Evesque d'Orléans l'ayant rencontré chez M. le chancelier luy dit de fort dures parolles, luy reprochant qu'encores qu'il ne fust qu'un petit moinichon, il estoit néantmoins sy hardy que d'entreprendre contre Mess^rs les Prelatz et mesmes de tenir leur place à l'Eglise auprez du roy comme aussy de vouloir establir un nouveau conseil de conscience auprez de Sa Majesté luy qui estoit d'un ordre dont le général estoit hors de France et tout Espagnol; le P. Segueran s'estant excusé sur cela alla encor depuis chez M^r d'Orléans pour luy faire des excuses. M^r d'Orléans estant allé à Paris parla de tout cecy à l'assemblée du clergé, où il fut résolu qu'il seroit faict remonstrance au roy sur ce subject, et fut aussy parlé de ce que tous les benefices de France se donnoient par la seulle entremise du P. Segueran.

*Lund.* 25. — M^r d'Orléans ayant à la messe du roy, avant que Sa Majesté fust arrivée, trouvé le P. Seguerand à main gauche du lieu où debvoit estre Sa Majesté, il eust de grandes parolles avec luy pour luy faire cognoistre que ceste place ne luy appartenoit pas; et ayant depuis parlé de ceste affaire à Sa Majesté, le roy ordonna que le P. Segueran quicteroit ceste place et se mettroit du costé des ausmosniers du roy.

## SEPTEMBRE

*Lund.* 1^er.

*Vend.* 5. — M^r de Blainville part de Fontainebleau pour aller ambassadeur extraordinaire en Angleterre, et incontinent aprez il y revient M^r de Berulle estant retourné.

*Dim.* 14. — M. de Soubize estant au presche dans S<sup>t</sup> Martin de Ré, on luy vint dire avec grand effroy que l'armée navalle du roy qui estoit de.....[1] asscavoir 22 vaisseaux Hollandais,..... François et.....[1] Olonnois s'avançoit en très-bon ordre pour venir aborder l'isle. A l'instant il sortit du presche avec tous les hommes laissant les ministres avec les femmes pour aller donner ordre à ses vaisseaux qui estoient à la fosse et ordonner des gens de guerre pour empescher la descente en l'isle. Le soir mesme M<sup>r</sup> l'admiral vint mouiller l'ancre à la veue des vaisseaux des ennemis, et se tira de part et d'autre quantité coups de canon.

M<sup>r</sup> de Thoiras arrangea aussy les 120 chaloupes qu'il avoit pour faire la descente.

*Lund.* 15. — M<sup>r</sup> de Thoiras, avec 120 chaloupes et 1500 hommes de pied, scavoir 400 du régiment de la Bergerye et 1100 de Champagne, dont il y avoit 3 compagnies et le reste réservé, mit pied à terre lors que la mer se retiroit ; Comminges menoit les enfans perdus qui estoient 150 et 15 chevaux-legiers. Les ennemis vinrent en nombre de 800 pour les empescher avec 3 pièces de canon. M<sup>r</sup> de Thoyras craignant la perte de ses enfans perduz entra dans l'eau et fut suivy du reste ; les ennemis paroissans sur le hault de la grève, on n'osa les attaquer que tout l'ordre ne fut faict ; mais quand aprez cela on alla a eux, ilz se retirèrent.

---

1. En blanc.

M<sup>r</sup> de Soubize, jugeant que plus il attendroit à combattre et plus il auroit de désavantage pour ce qu'il ne pouvoit espérer plus de gens qu'il en avoit ou au contraire les nostres pouvoient aisément augmenter en nombre tant du fort que de l'armée de terre, il se résolut de venir au combat, et avec ce qu'il avoit de gens et 500 hommes qu'il tira de ses vaisseaux, le tout faisant environ 3000 hommes, et 25 ou 30 chevaux qu'il faisoit de loing paroistre pour 120 par le moyen des valetz, il fit deux lieues pour venir au combat (Mais, avant que s'y engager, il envoya son maitre d'hostel aprester une chaloupe pour se retirer, comme il fit incontinent aprez avoir paru au combat.) Les nostres ayans esté mis en bataille par M<sup>r</sup> de S<sup>t</sup> Luc (M<sup>r</sup> de La Rochefoucault y estoit aussy) et desirans aussy de venir aux mains bien qu'inegaux en nombre, on ne s'amusa quasy point ny de part ny d'autre à tirer des mousquetades; mais on vint d'abord aux coups de picque et d'espée. Les ennemis ayans faict un grand effort vers le régiment de La Bergerie qui estoit à la gauche, ilz le firent plier; de 15 officiers en tuèrent 8 sur la place et commencèrent à crier victoire. Mais Champagne ayant tenu ferme de son costé, faict lascher le pied aux ennemis. Il y eut un tel meurtre qu'il demeura plus de 400 des ennemis mortz sur la place, et en se sauvant par des marais et par des achenaux à S<sup>t</sup> Martin de Ré, il s'en noya plus de 200. Verger Malaquet qui servoit aux Huguenotz de mareschal de camp fut tué au combat. Il y eut environ.....[1] des nostres tuez, entre lesquelz furent Realz, capitaines du régiment de Champagne, et son lieutenant. Le roy donna la compagnie à.....[1] enseigne.

*Mard.* 16. — M^r L'admiral voulant attaquer les vaisseaux des Huguenotz, il s'en rendit 9 grands à composition ; entre lesquelz sont le S^t Michel et le S^t François (qui font partye de ceux de M^r de Nevers pris à Blavet ; et quant à la Vierge (qui en estoit aussy et leur servoit d'admiral), le chevallier de Razilly, l'estant allé attaquer avec son vaisseau le S^t François (qui est un de ceux de M^r de Nevers qui fut repris à Blavet) et un autre. Celuy qui y commendoit et qui, depuis le commandement de l'attaque donné par M^e l'admiral) avoit faict sa composition, laquelle le chevallier de Razilly ignorait, se voyant ainsy attaqué mit par désespoir le feu à ses poudres, et ainsy brusla la Vierge et les 3 vaisseaux qui l'attaquoient, sur l'un desquelz estoit le comte de Vannes, qui y mourut, frère de M^r de Ventadour ; le chevallier de Razilly se sauva à nage.

Quelques petitz vaisseaux des Huguenotz se sauvèrent, comme ilz peurent. Il leur en restoit environ 12 qui estoient allez à la petite guerre vers la rivière de Bourdeaux.

Les Huguenotz, qui du combat de terre s'estoient retirez dans S^t Martin de Ré se voyant sans espérance

1. En blanc.

de secours, se rendirent à composition ; laquelle fut que
les capitaines et officiers sortiroient avec armes et ba-
gage, tous les soldatz avec l'espée et que tous les canons
(qui sont 7 en tout), les drapeaux et tambours demeu-
reroient; qu'outre cela on les conduiroit tous en
seureté à La Rochelle. Tout ce que dessus a esté exac-
tement exécuté et plus de 1200 conduictz à La Rochelle.

J'ay une relation imprimée de cecy dans laquelle il y
a plusieurs bonnes choses.

Depuis, Mr le Marquis de Bressieux m'en a envoyé
une qui est très-véritable ayant esté faicte par luy-
mesme, et est transcripte à la fin de ce journal.

J'ay la description du combat de terre faicte par un
capucin.

### (RELATION DU Mis DE BRESSIEUX) [1]

Pour vous donner une plus particulière intelligence
de ce que vous désirez sçavoir, j'ay creu à propos de
vous descrire en quelle sorte la disposition des lieux où
la bataille navale s'est donnée et vous esviter la peine
de l'aller chercher sur les cartes.

Vous sçaurez que l'isle de Ré est à 4 lieues de la terre
de Poictou vis à vis de Lesguillon; elle a 5 lieues de
longueur, et à 1 bonne lieue du costé de la pointe qui

1. J'ai pensé que c'était ici la place naturelle de cette relation qui, dans le
volume d'Arnauld d'Andilly, se trouve rejetée à la fin, comme un morceau détaché.

tourne vers les sables. Il y a un port qu'on nomme
La Fosse d'Oye, dont l'entrée est si difficile qu'il ne
peult entrer qu'un navire à la fois. Les ennemis ont esté
fort longtemps en ceste fosse avec leur armée navalle,
et par conséquent en estat de n'y pouvoir estre attaquez.
Enfin ilz prirent apprehension que nous les allassions
brusler, ayans sceu que nous avions faict apprester
quantité de.....¹ et prindrent résolution de sortir de
leur trou et viendrent mouiller devant ce bourg qu'on
nomme S¹ Martin. Mᵣ l'Amiral cependant estoit mouillé
à la rade de l'isle Dieu qui est à quelques 15 lieues
d'icy, où il prenoit tous les soins qu'on se peult imaginer à disposer les Holandois et assembler l'armée du
roy de qui il avoit commandement de ne rien hazarder
que les vaisseaux qu'on a pris d'Angleterre ne fussent
joinctz à luy. Il est vray qu'auparavant avoir receu cest
ordre il s'estoit avancé le 1ᵉʳ septembre jusques à la
rade des Sables d'Olonne pour y prendre en passant
les trouppes de Mᵣˢ de La Rochefoucault et de Thoiras
qui devoient faire la descente dans ceste isle ; mais nous
feusmes chargez d'un temps approchant de fortune
rompue qui nous fit louveyer 3 jours à l'entour de ces
costes et nous fit perdre la haulteur des marées qui ne
viennent qu'au commencement et au plain de la lune.
Nos vaisseaux à feu aussy pour la pluspart furent renduz inutilles par les effortz du mauvais temps, et sur ce

1. Un mot illisible.

point mondit Seigneur l'amiral receut du roy l'ordre
susdit d'attendre les vaisseaux anglois : de ce mal il en
arriva beaucoup de bien ; car les ennemis avoient assemblé toutes les forces de terre dans ceste isle et de mer
en ces rades sur les advis qu'ilz avoient euz de nostre
desseing, et voyans qu'on n'estoit point venu à eux
creurent qu'on l'avoit changé, avec ce que pour les
mieux confirmer en ceste opinion, M<sup>r</sup> l'admiral escrivit
à M<sup>r</sup> de S<sup>t</sup> Luc de les mettre en jalousie d'attacquer l'isle
d'Oleron, qui est plus proche de La Rochelle, à 4 heures
de celle-cy, et renvoya M<sup>rs</sup> de La Rochefoucault et de
Thoirax avec partie des troupes de M<sup>r</sup> le Maréchal
de Praslin pour les arceler jusques aux portes de La
Rochelle. Cela fut cause que ceux de ceste ville ren-
voyèrent quérir le comte de Laval avec partie de
l'infanterie et cavallerie qu'ilz avoient jettez dans ceste
isle. Sur quoy M<sup>r</sup> l'amiral les ayant envoyez recon-
gnoistre eust cest advis et que de l'armée de mer il
estoit party 8 ou 9 vaisseaux des plus légers pour aller
pirater dans la rivière de Bourdeaux. Donc le 13 du
mois, sachant que les vaisseaux Anglois s'approchoient,
et ayant disposé toutes choses pour l'armée de terre, il
partit de la rade de l'isle Dieu et vint mouiller devant
celle des sables, où ayant assemblé toute l'armée le 14<sup>e</sup>,
il en partit le lendemain deux heures devant le jour, et
entrant par le pertinis Breton vint mouiller à la grande
rade de ce qu'on appelle le Courand vis-à-vis des
ennemis jusques environ les unze heures que les barques

qui portoient les trouppes pour la descente fussent advancées, afin qu'à la faveur du combat naval elles peussent plus facillement descendre. Mais, pour ne perdre le vent et la marée qui estoit favorable, il fut contrainct de commencer le combat, ayant disposé l'armée en ceste sorte : il avoit fait trois escadres, dont il estoit à celle de la bataille, et avoit donné la main droicte à M<sup>r</sup> d'Urp, vice-admiral de Holande, et la gauche à M<sup>r</sup> de Manty. Toute l'armée estoit composée de 18 navires Holandois et 2 pataches, la Rauberge et de 6 vaisseaux Anglois, 3 vaisseaux du chevalier de Razilly, du S<sup>t</sup> François commandé par le S<sup>r</sup> Jussé, du vaisseau des chevaliers de Cangis et de Salence, de celluy de M<sup>r</sup> de Villars, de 20 petitz vaisseaux d'Olonne, et de 15.....[1], c'est-à-dire navires à feu avec les deux galiottes de M<sup>r</sup> de S<sup>t</sup> Luc. Ceste armée estant séparée en 3 escadres susdites, M<sup>r</sup> de Manty fut commandé de demeurer sur le vent avec la sienne entière, et le vice-admiral Drup de garder sa poste. M<sup>r</sup> l'admiral donc, ayant voullu combattre sur le vaisseau de l'admiral Antin pour donner plus de confiance et de resolution à ceste nation avoit mis seullement devant luy cinq navires de son escadre commandée par M<sup>rs</sup> de Bouteville et de S<sup>t</sup> Jullien, l'autre par le Comte de.....[1] et Bazelier, les autres trois par le commandeur d'Oyzemont et les chevaliers de Montigny et d'Angleure ; Soudeilles avec

1. Un mot illisible.

ces gardes dans un petit vaisseau d'Olonne alloit à costé de luy, et La Roberge derrière, suivie du commandeur de Rhodes, des chevaliers de Cangis, et de Villeneufve et de plusieurs autres qui ne peurent combattre, à cause que le canal par où on alla aux ennemis estoit si estroit qu'on ne pouvoit aller à eux que deux navires de front au plus, à la mercy du canon qu'ilz avoient logé à ce bourg S$^t$ Martin. Tout cela n'empescha pas que M$^r$ l'admiral ne les encoignast et fit jetter dans ceste fosse de l'oye en des lieux où il ne se peust aller mesler avec eux, et s'en revint mouiller à la première poste aprez les avoir combattuz durant deux heures a moins de la portée du mousquet. Le mesme jour du lundy, 15 du mois, une heure devant le soleil couché, M$^{rs}$ de S$^t$ Luc, La Roche-foucault, Thoirax firent leur dessente dans ceste isle au dessus de ceste fosse de l'Oye pour laquelle faciliter M$^r$ l'admiral leur envoya 4 de ses navires pour battre de leur canon ceux qui s'y voudroient opposer. Il ne laissa pas d'y avoir quelque combat, où M$^r$ de Comminges menoit les enfans perduz, et bien qu'on aye dit que M$^r$ de Soubize s'y trouva en personne, le combat ne fut pas opiniastré. Ces Messieurs campèrent toute la nuict sur le champ, d'où ils partirent le lendemain au point du jour pour aller loger avec touttes leurs trouppes en un bourg de ceste isle nommé.....¹, où ilz se rafraichirent jusques environ midy qu'ilz partirent pour aller ren-

1. Un mot illisible.

contrer les ennemyz, qui de leur costé s'avancoient à
eux plus fortz que les nostres d'environ 1000 hommes
de pied et de quelques mousquetaires à cheval, leur
armée estant composée en tout de près de 3000 hommes
de pied et de quelques 150 maistres ou mousquetaires
à cheval. La rencontre fut dans une plaine au-delà de ce
bourg d'Aca et leur ordre de bataille fut assez bon de
tous les deux costez.

Le combat y fut opiniastré jusques aux coups de
picques et d'espées, bataillon contre bataillon, et fut
assez sanglant, les ennemis y ayans perdu près de
500 hommes des leurs et noz gens environ quelque
cent. Tous les chefz firent très-bien leur debvoir. M<sup>r</sup> de
S<sup>t</sup> Luc combattit à pied très-vaillamment à la teste d'un
bataillon et très-utilement ; ce jour là il donna l'ordre.
La jalousie ne fut point parmy les deux généraux, et le
maréchal de camp si porta aussy très-prudemment et
très-soigneusement. Plusieurs particuliers y ont donné
de la marque de leur courage : M<sup>r</sup> de Boissonnière y
mena les enfans perduz et en est demeuré griefvement
blessé ; M<sup>rs</sup> de Real et de Rouillé y sont mortz sur la
place, et quelques autres gentilzhommes encores. Le
baron de Coze y fut blessé de plusieurs coups, dont il
est mort depuis. Plusieurs officiers du régiment de
Champagne et de La Bergerie y ont esté blessez. Le
canon y joua de part et d'autre si bien que l'on peult
donner à un si beau combat le nom de bataille. Mais ce
qui se verra difficillement une autre fois en un mesme

jour, c'est que le vent nous estant contraire pour aller aux ennemiz que nous avions désja battuz, et sur le point que Mr l'admiral nous commandoit une descente pour aller secourir ceux de terre, noz ennemis prindrent l'avantage du vent, en mesme temps que leur gros combatoit dans l'isle pour venir sur nous avec toute leur force. Mr l'amiral, en ce désavantage, se résolut de les aller recevoir le plus avant qu'il peult, et si heureusement que, comme il fut aux coups de canon avec les ennemis, le vent changea entièrement pour nous ; dont ilz furent mis en telle desroute qu'après que Mr l'admiral leur eut fait eschouer 3 de leurs principaux vaisseaux, il mit les autres en fuitte. Il laissa la Roberge et les vaisseaux commandez par les commandeurs de Rhodes, d'Oysemont, et chevallier d'Angleure, pour achever de combattre ceste Vierge et St Michel eschouez, et poursuivit les fuiardz jusques à Chefdebois avec tant de presse que toute la nuict se passa à prendre des vaisseaux ; mais le vent qui nous avoit tousiours aporté obstacle pour nous mesler parmy les ennemis ayant encor empesché ceste nuict là qu'on eust peu combattre la Vierge, (admiral des Rochelois), et les autres eschouez auprès d'elle ; luy donna moien, au retour de la marée, de flotter et de faire voile, estans suivis de ceux qui les avoient combattuz jusques au point du jour du mercredy, 17 du mois, qui s'en allèrent encor eschouer au-dessus de mon dit Seigneur l'admiral qu'ilz attendoient au passage ; mais le malheur voulut que le Cte de Vannes,

qui estoit dans le vaisseau de Roué Razelier, le baron de
Jussé, qui commandoit un vaisseau François, le chevalier de Villeneufve, qui commandoit un Holandois, et
un nommé Veillon un Holonois se trouvans les plus
proches de ceste Vierge eschouée, chatouillez de la
gloire d'emporter ce grand navire, s'allèrent jetter à
toute voile dessus, bien que M$^{gr}$ l'admiral eust fait abattre
son pavillon en signe de grâce et fait tirer un coup de
canon pour les rapeler ; ce qui n'estant entendu d'aucun
d'eux par le transport de leur bonne volonté, ilz abor-
dèrent la dite Vierge, et se jettans la plus part, les plus
violens commencèrent à jouer des mains ; sur quoy les
vaincuz executèrent ce que tous ceux de leur armée
avoit (sic) résolu de faire en pareille occasion, qui estoit
de se perdre avec nous mettant le feu aux poudres,
et véritablement, bien que ce soit une marque plus
glorieuse pour faire congnoistre la resolution des hommes
que nous avons vaincuz, la chose a esté trop prodigieuse
pour n'en ressentir pas du regret et mesmes pour la
mort du pauvre C$^{te}$ de Vannes qui ne se pouvoit assez
estimer. Ceste douleur troubla la juste joye que notre
général pouvoit avoir d'un si heureux succez, où il avoit
bruslé 3 vaisseaux des ennemyz, pris 7 des plus grandz
avec 3 pataches et 4 navires à feu, le reste, à la faveur
de la nuict, s'étant mis à la fuitte. Sur quoy il apprist
encor ce qui estoit arrivé au combat de terre ; à quoy
pour apporter tout l'avantage qu'il estoit possible et
avoir tous les soings d'un grand cappitaine, il avoit

mandé au Chefdebois 8 de ces navires soubz le commandement d'un nommé La Rebvier, lieutenant du chevalier
de Razilly, pour empescher qu'il ne sortist aucun
homme de La Rochelle qui se peust jetter dans ladite
isle de Ré ; ce qui succéda si heureusement que ces
navires firent rebrousser le Comte de Latal, qui sortoit
de La Rochelle sur des barques avec 1500 hommes pour
s'aller joindre à M<sup>r</sup> de Soubize, la nuict auparavant le
jour de sa deffaicte ; après laquelle Mondit Seigneur
l'amiral ayant encores arresté quelques jours pour
remettre le bourg S<sup>t</sup> Martin et la dite isle en une entière
obéissance ; pour ne perdre aucun temps, il manda le
lendemain 18<sup>e</sup> du mois M<sup>r</sup> de Bressieux avec partie de
l'armée pour aller faire une dessente dans Oleron et
combattre ce qui restoit des vaisseaux ennemis qui
estoient eschapez et qu'on disoit avoir veus à la rade de
ladite isle d'Oleron ; mais ledit S<sup>r</sup> de Bressieux ne les y
rencontrant point fist ce qui luy etoit commandé pour
la descente et entra le samedy 20 dans l'isle d'Oleron
avec près de 800 hommes qu'il tira des vaisseaux, et
trouva que de 3 fortz qu'il y a dans ceste isle les enne-
mys en avoient quicté deux à son arrivée et s'estoient
retirez au plus grand, environ 600 hommes qu'il alla
bloquer le lendemain, et le mercredy suivant ilz capi-
tulèrent pour se rendre le jeudy entre les mains de
M<sup>gr</sup> l'admiral qui estoit arrivé, qui leur fit la mesme
grâce qu'à ceux de Ré. Depuis, il n'est rien arrivé digne
d'escrire que la députation de ceux de La Rochelle à

M$^{gr}$ l'admiral pour le supplier d'intercéder pour eux envers le roy à ce qu'il leur donne la paix. A quoy il a respondu que c'estoit au roy seul, à qui ilz se debvoient addresser avec les submissions de véritables subjetz et qui recongnoissoient leur faulte. Il est à ceste heure revenu dans l'isle de Ré pour y commander les fortiffications que le roy luy a commandées et faire nettoyer et ravitailler ses vaisseaux, pour avecq partie d'iceux envoyer à la suitte de M$^r$ de Soubize, en quelle part qu'on le puisse trouver des environs de ce royaume :

Je ne scay comme quoy ceste relation sera discourue ; car je l'ay faicte avec tant de presse et si peu de loisir que je ne puis seullement la relire et vous conjure d'en recevoir la vérité et d'excuser ce qu'il y aura de mal à la desduite que j'ay faicte puisque vous l'avez désiré.

De l'isle de Ré.

Premier Octobre 1625.

## SEPTEMBRE

M$^r$ le légat, aprez avoir faict tous ses adieux et depuis donné espérance de demeurer encores pour tascher à résoudre quelque chose, part à l'improviste.

Conseil à Fontainebleau sur la négotiation du légat :

*Lund.* 29. — Le roy ayant mandé à M$^{rs}$ du clergé assemblez à Paris et à M$^{rs}$ du parlement, de la chambre des comptes et de la cour des aydes de luy envoyer quelques uns de leurs corps, le clergé envoya M<sup>rs</sup> le cardinal de Sourdis, l'archevesque d'Aux et les evesques de Chartres et.....¹ ; le Parlement M<sup>rs</sup> les 1<sup>ers</sup> présidents de Verdun et d'Ozembray, 2 présidens et M<sup>r</sup> le Procureur général ; M<sup>rs</sup> de la chambre des Comptes M<sup>r</sup> Nicolaï, premier président et.....¹, advocat général ; M<sup>rs</sup> de la cour des Aydes.....¹ et Versigny, procureur général.

Le roy manda aussy à tous les princes et officiers de la couronne et ducz et pairs de s'y trouver, excepté aux pairs ecclésiastiques, qui furent oubliez et s'en plaignirent.

Estans tous entrez dans le cabinet de Loalle à Fontainebleau, le roy et la reyne sa mère à costé de luy, s'assirent seulz dans chascun une chaire à bras ; Monseigneur estoit debout à main droicte du roy, M<sup>r</sup> le Chancellier estoit un peu derrière, appuyé sur le bras droict de sa chaire ; M<sup>r</sup> le Cardinal de La Valette estoit derrière contre la muraille assiz sur une forme, les députez vis à viz du roy et tous les grands et seigneurs à l'entour.

Aprez que le roy eut dit une douzaine de parolles, M<sup>r</sup> le chancellier parla assez longtemps et assez bas, et narra tout ce qui s'estoit passé en l'affaire de La Valteline, la négotiation de M<sup>r</sup> le légat et comme il s'en estoit allé sans que le roy eust peu rien résoudre avec luy, veu les

---

1. En blanc.

termes où il en estoit demeuré, et dit pour conclusion
que le roy les avoit tous assemblez pour recevoir leurs
adviz sur une affaire sy importante avec toute sorte de
franchise et de liberté.

Aprez, le roy appella M$^r$ de Schonberg pour dire son
adviz, comme ayant esté commis à la négotiation de
ceste affaire. Il parla assez longtemps et assez hault et
conclud que M$^r$ le legat s'estant arresté à deux conditions
injustes, l'une de remettre dès maintenant les fortz entre
les mains du pape sans asseurance de l'exécution du
traicté, et l'autre d'exempter les Valtelines de la souveraineté des Grisons ; il n'estimoit pas que le roy se
deubst porter à des conditions sy désavantageuses au
bien de son service, à sa réputation et à l'inthérest de
ses alliez.                                               .

Aprez, M$^r$ le Chancellier ayant dit que M$^r$ de Bassompierre, qui avoit faict le traicté de Madrid, se pourroit
bien souvenir que l'on n'avoit jamais lors parlé d'exempter la Valteline de la souveraineté des Grisons, M$^r$ de
Bassompierre s'avancea et parla plustost en forme de
discours ordinaire que comme un homme qui dit son
opinion.

M$^r$ le Cardinal de La Vallette, qui estoit derrière la
chaire du roy, parla aussy en la mesme manière.

Le roy ayant dit à M$^r$ le Premier Président de parler,
il ne dit que 3 motz, en louant les ministres qu'il
nomma (excepté le Cardinal de La Rochefoucault).

M$^r$ le Cardinal de Sourdiz parla aussy un peu et fort

bas, et durant tout le temps cy-dessus, le roy parla souvent, tesmoignant grande affection à l'affaire et dit entr'autres choses que M<sup>r</sup> le légat debvant, à ce que l'on croyoit, demeurer encor quelque temps, il ne sçavoit quelle humeur luy avoit pris de s'en aller sy viste sans rien dire.

Est à remarquer que ce prompt partement de M<sup>r</sup> le légat estant cause que le roy ne lui avoit pas rendu la dernière responce, le principal subject de l'assemblée de ce conseil estoit pour résoudre quelle elle debvoit estre.

Tous ceux des grands qui estoient là présens (et ausquelz M<sup>r</sup> le Chancelier avoit dit que, pour esviter la longueur des opinions, il suffiroit que ceux-là prissent la parolle qui auroient quelque chose à proposer au contraire des adviz précédens) n'ayans opiné que du bonnet, on croyoit que le conseil fust entièrement finy, lors que M<sup>r</sup> le Cardinal de Richelieu (lequel n'avoit point voulu parler à cause qu'il se trouvoit mal) ayant esté nommé et comme appellé par le roy, s'avancea, et s'appuyant de la main gauche sur le mesme bras de chaise et ayant son bonnet à la main droicte, parla excellemment touchant toutes les raisons d'estat et conclud que le roy n'avoit peu faire autre chose que ce qu'il avoit faict.

## OCTOBRE

*Mec.* 1ᵉʳ.

*Lund.* 13. — Le roy vient de Versailles à Saint-Germain, où le conseil se trouve et où les reynes se rendirent le 21. La reyne regnante estoit revenue de Fontainebleau à Paris malade d'une disenterie, dont elle guerist sans remedes, ayant esté sy opiniastre qu'elle ne voulut jamais prendre qu'un lavement.

*Dim.* 26. — Mʳ l'Evesque de Thoul, frère de Mʳ le duc de Lorraine, estant arrivé quelques jours auparavant à la Cour, fit, à la grande messe chantée devant le roy, le serment de fidellité par luy deub à Sa Majesté à cause dudit evesché de Thoul. Le roy estoit à genoux, comme il est en oyant la messe, et Mʳ de Thoul estoit à genoux de l'autre costé viz-à-viz du roy et le dos tourné à l'hostel. Il avoit une main sur les Evangiles et lisoit le serment escript dans un papier. Mʳ le Cardinal de La Rochefoucault y assistoit comme grand aumosnier.

*Mec.* 29. — Mʳˢ le Comte de Pontgibault et de Challais, qui se vouloient mal (soit à cause de la querelle qui avoit esté entre le comte de Lude et le dit Sʳ de Challais, soit pour ce que Mʳ de Pontgibault eust mesdit de Madame de Challais) s'estant rencontrez à cheval auprès de la Croix des Petitz-Champs, et Pontgibault ayant morgué Mʳ de Challais, Mʳ de Challais perdit patience, et, criant à Pontgibault qu'il falloit mourir, mit pied à terre et prit une grande espée qu'avoit un de ses laquais. M^r de Pontgibault osta sa casaque et dit à M^r de Challais qu'il n'avoit qu'une petite espée (c'estoit de ces espées de chasse que l'on nomme cousteaux) ; M^r de Challais dit : « Il est vray », et en mesme temps prit un de ces cous-teaux que l'on luy portoit et commanda à ses laquais de se tenir au bout de la rue pour empescher qu'on ne les séparast ; ainsy qu'ilz firent. S'estant aprochez tous deux, M^r de Challais porta un coup d'espée à travers le corps à M^r de Pongtgibault et en receut un fort léger dans la cuisse. M^r de Pontgibault se sentant extrême-ment blessé et n'ayant receu aprez cela aucune indis-courtoisie de M^r de Challais dit que son espée estoit beaucoup plus courte que l'autre. Mais .....[1] qui se trouva présent les ayant mesurées toutes deux devant luy, luy fit voir qu'il n'y avoit pas demy doigt à dire. Il fut porté à l'hostel du Lude qui estoit tout contre, fut confessé, et puis mourut incontinent aprez.

Au mois de novembre suivant, M^r de Briançon, son frère (Le comte de Lude a eu la lieutenance du roy du Bas Auvergne), fit appeler M^r de Challais, lequel refusa de se battre et dit qu'ayant tué un des frères il ne se vouloit point battre contre toute la race ; qu'il salueroit tousiours M^r le Comte de Lude et M^r de Briançon, qu'il n'iroit point aux lieux où ilz seroient et que, s'ilz venoient en quelque lieu où il fust, il en sortiroit.

1. En blanc.

# NOVEMBRE

*Sam.* 1ᵉʳ. — Mʳ le Cardinal de Sourdis ayant parlé au roy fort hardiment ou plus tost insolemment, au nom du clergé, Sa Majesté s'offencea et le rabroua fort.

Mʳ de Barada a la charge de 1ᵉʳ gentilhomme de la chambre que le roy luy achepte c. m. livres de Mʳ de Montmorency.

Mʳ de Bonœuil reçoit une lettre du roy portant commandement de se retirer en sa maison de.....¹

*Mecr.* 19. — Monseigneur estant entré dans le conseil et ayant trouvé qu'il duroit encores, bien que le roy fust levé, il dit, regardant Mʳ le Chancelier (Haligre) : « Je pensois que le conseil fust finy. » Mʳ le Chancelier respondit : « Monsieur, il est tousiours finy pour vous ; « car vous y pouvez tousiours entrer. » Monsieur répartit : « Au moins seroit-on bien asseuré que je ne « redirois rien de ce qui s'y passeroit ; mais je ne suis « pas encores homme de conseil. » Mʳ le Chancelier replicqua : « Monsieur, il fault que les Princes de vostre « âge passent leur temps à la chasse et à d'autres « exercices. » Monsieur respondit : « Je suis en âge « d'estre bon à tout ce que l'on me voudra employer. » Mʳ le Chancelier repartit : « Monsieur, vous seriez bon

1. Illisible.

« à servir le roy dans une armée. » Monsieur réplicqua
pour la seconde fois : « Je suis bon à cela et à tout ce
« que l'on me voudra employer. »

Lors que l'on parla il y a 8 ou 9 mois d'envoyer une
armée à La Rochelle, Monsieur l'ayant demandée au roy
qui estoit lors à Paris, et depuis, à Fontainebleau, ayant
encor sur semblable occasion reparlé par diverses fois à
la reyne sa mère, lorsqu'il aprit à St Germain que le
roy resolvoit plus fortement que jamais d'attaquer la
Rochelle, il en parla de nouveau à la reyne sa mère avec
une extresme affection pour avoir le commandement de
ceste armée, et vouloit en parler aussy à Mr le Cardinal
de Richelieu.

*Jeud.* 20. — Il fut à neuf heures du matin chez la
reyne sa mère et heurta à touttes les deux portes de la
chambre ; mais personne ne respondit (On fit courir sur
cela un faux bruit que le roy avoit refusé la porte à
Monseigneur). Car il n'y avoit aucun huissier, et le roy
avoit luy-mesme fermé la porte à verroux, n'y ayant
dans la chambre que la reyne sa mère et Mr le Cardinal
de Richelieu. Monseigneur s'en alla attendre sur la
terrasse à la veue de toutte la cour, où il demeura
jusques à midy (ayant seullement durant ce temps
entendu la messe de la reyne regnante) que le roy sortit.
Il le rencontra en chemin, l'alla reconduire chez luy, et
puis vint voir la reyne sa mère, qui achevoit de disner et
aprez entra dans sa chambre où estoit Mr le Cardinal qui

parloit à Monsieur le premier — Monsieur leur parla
quelque peu à tous deux de choses communes, et puis,
la reyne estant entrée, Monseigneur l'entretint, luy
parlant tousjours de son affaire, tandis que M<sup>r</sup> le Cardinal faisoit collation dans le cabinet avec des pommes
et du pain. La reyne, voyant l'inquiétude de Monseigneur, envoya 2 fois Mad<sup>e</sup> de Combalet pour haster
M<sup>r</sup> le Cardinal ; lequel estant venu, la reyne le laissa
avec Monsieur. Ilz allèrent dans la ruelle du lict, où
Monsieur parla long temps à M<sup>r</sup> le Cardinal avec la plus
grande ardeur du monde, et, après l'avoir quicté, entra
dans la gallerye de la reyne sa mère, d'où il ne voulloit
point sortir, de crainte que l'on ne vist qu'il avoit pleuré
par l'extresme sentiment qu'il avoit eu en parlant de
ceste affaire ; ce qui fut cause que M<sup>r</sup> d'Andilly alla
retrouver M<sup>r</sup> le Cardinal qui estoit dans le cabinet de la
reyne avec elle et M<sup>r</sup> de Schonberg. M<sup>r</sup> le Cardinal
revint donc trouver Monseigneur dans la gallerye et luy
parla encores. Aprez, Monseigneur s'en alla chez luy,
et, bien qu'il fust deux heures aprez midy, il parloit
tousiours de ceste affaire sans se vouloir mettre à table.
Incontinent aprez disner, il envoya M<sup>r</sup> de Marcheville
dire à M<sup>r</sup> de Schonberg qu'il le vinst trouver. M<sup>r</sup> de
Schonberg estant venu, il le mena dans son cabinet et
luy parla de l'affaire.

Le soir, S<sup>t</sup> Géry ayant dit à M<sup>r</sup> le Colonel qu'il estoit
à propos qu'il parlast au roy de ceste affaire, et estant
allé ensuitte trouver Sa Majesté, le roy dit à M<sup>r</sup> le Colonel

qu'il s'estonnoit comme il ne l'avoit adverty de la passion qu'avoit Monsieur pour ceste armée ; que n'ayant que luy de frère il desiroit le conserver ; que l'employ n'estoit pas digne de luy, et seroit bien aise que Monsieur s'ostast cette affection-là de l'esprit, et qu'il luy en parlast etc. — M<sup>r</sup> le Colonel voit le roy le lendemain Vendredy matin — Monseigneur, qui n'avoit point dormy les deux nuicts précédentes, ne vouloit point le soir aller souper, tant il avoit ceste affaire à cœur. Le Samedy il envoya à Noisy M<sup>r</sup> d'Andilly pour en parler encores à M<sup>r</sup> le Cardinal de Richelieu ; ce qu'il fit, et M<sup>r</sup> de Schonberg aussy, lequel arriva, comme il parloit à M<sup>r</sup> le Cardinal. Ce mesme jour Samedy, le roy parla à Monseigneur, luy dit que cest employ n'estoit pas digne de lui, qu'il n'y employeoit que des maréchaux de France, et qu'il auroit tousiours autant de soing de son honneur que du sien propre. Monseigneur luy respondit avec un grand respect, et, le jour mesme, s'en vint coucher à Paris, où les reynes revinrent le dimanche 29, après la nouvelle du siège de Verrue levé, et le roy le lundi 1<sup>er</sup> Décembre.

## DÉCEMBRE

*Lund.* 1<sup>er</sup>. — L'Evesque de Noyon estant mort, le frère de M<sup>r</sup> de Baradas eust l'evesché, et M<sup>r</sup> l'évesque d'Auxerre (pour le chevallier de Sonceray, son frère) la tresorerye de la S^te Chapelle, qu'il emporta contre M^r l'archevesque de Tours, qui en avoit la résignation.

*Lund.* 8. — Le roy parlant à Monseigneur de chasse du chevreuil, et Monseigneur disant quelque chose qu'il avoit veu à une chasse, que le chevallier de La Fontaine avoit contée autrement au roy, le roy dit : « Mon frère, « je croy davantage le chevallier de La Fontaine que « vous ; car il est plus souvent en la chasse. » Monsei-seigneur respondit : « Monsieur, je croy beaucoup « plus tost ce que j'ay veu que ce que le chevallier de « La Fontaine vous a dit. » Sur cela on fit courir le bruit que le roy et Monseigneur avoient eu quelque brouillerie.

*Vend.* 5. — M^r de Bouteville estant picqué de ce qu'une femme, nommée Du Plessis, luy avoit dit que Luppes (filz du S^r Pietre escuyer) estoit plus adroict que luy, il prie que le Comte de La Chappelle de Bretagne, son cousin, de l'aller appeller pour se battre à 3 heures à Longchamp et de ne recevoir de luy aucunes satisfac-tions, et incontinent aprez il envoya un nommé Cochois, qui a esté nourry son page, appeller Voisins chez M^r d'Elbeuf pour se battre avec luy à xi heures hors la porte Saint-Anthoine. Cochois dit que Voisins respondit fort mal à son appel et qu'aprez d'assez mauvaises excuses il dit qu'il se vouloit donc battre avec chacun un pistollet chargé de vingt balles et se le tirer à bout portant pour faire voler la cervelle l'un à l'autre ; à quoy Cochois dit qu'il respondit qu'il monstroit bien qu'il n'avoit point de cervelle en faisant une proposition sy. extravagante et protesta qu'il tesmoigneroit partout qu'il avoit refusé de se battre. Les amis de Voisins disent au contraire que Cochois fit son appel de sy mauvaise grâce que l'on s'en doubta et que l'on les empescha. Cochois estant venu retrouver Bouteville et luy ayant dit comme Voisins ne viendroit point, il s'en alla à Longchamp, où il trouva Luppes. Le comte de La Chapelle l'ayant appellé, il respondit qu'il n'avoit jamais pensé à desplaire à M<sup>r</sup> de Bouteville, fit toutes sortes de complimens et mesmes de satisfactions, au cas qu'il eust esté sy malheureux de l'avoir fasché. Le Comte de La Chappelle luy respondit qu'il avoit charge expresse de ne recevoir aucunes satisfactions. Luppes va donc et prend pour second un nommé La Forest, qui avoit esté laquaiz de Beruay, puis tireur de laine, puis sergent dans le régiment de.....¹, puis suivant de Mad<sup>e</sup> de Beuvron, puis avoit espousé une damoiselle, qui avoit xc m. livres vaillans qu'il avoit quasy tous dissipez et faisoit le gentilhomme. Bouteville estant arrivé sur les 4 heures fit excuses à Luppes de ce qu'il l'avoit faict attendre, à cause que Voisins, contre lequel il se vouloit battre auparavant, luy avoit mancqué. On dit que Luppes respondit : « Monsieur, je voy bien ce « que c'est ; vous vouliez plotter pour venir aprez jouer

1. En blanc.

« partye icy. Mais la partye est toutte faicte. » On
demeure d'accord que Luppes luy fit de grandes submissions et qu'il n'en voulut point recevoir. S'estans
éloignez de leurs seconds et resolu à ce que l'on dit que
ceux qui auroient faict les premiers n'ayderoient point
aux autres. Le Comte de La Chapelle, sans estre blessé,
tua La Forest de deux coups d'espée. Mr de Bouteville
ayant receu un grand coup d'espée à travers la cuisse,
vint aux prises avec Luppes et courba son espée sous
l'espaule de Luppes pour essayer à lui donner dans le
corps avec la poincte. Le Comte de La Chapelle, ayant
tué son homme, arriva là-dessus qui dit à Bouteville :
« Mon cousin, voulez-vous que je le tue ? » Bouteville
respondit : « Non, il est brave homme. » Ilz se sépa-
rèrent.

Bouteville ayant dit à quelques uns de ses amiz que
ce qu'il s'estoit battu contre Luppes estoit à cause qu'il
avoit mesdit de Mr d'Ornano sur ce que disant qu'il
venoit avec luy pour amour d'un lieu où ils alloient
autresfois pour procéder, Luppes avoit respondu en
riant : « Mr d'Ornano procède, ou quelque chose semblable.[1] — Monseigneur, ayant sceu que Mr de Bouteville
avoit tenu ce discours le luy dit, et en mesme temps
luy donna 3 gentilzhommes pour le garder et le fit
coucher en sa chambre. — Mr le Colonel, ayant veu
Mr de Bouteville sur ce subject, il luy dit qu'il estoit

1. Phrase obscure.

vray qu'il s'estoit battu contre Luppes, à cause qu'il avoit médit de Mr d'Ornano. Sur cela Mr le Colonel dit à Mr d'Ornano qui estoit arresté (comme dessus) qu'il falloit parler à Luppes et que, s'il avouoit avoir tenu quelque discours de luy, il vouloit qu'il luy donnast cent coups de baston, et puis qu'il se battist avec luy, que, s'il le desavouoit, on verroit ce que l'on auroit à faire. En suitte de cela ayant esté parlé à Luppes, non seullement il protesta de n'avoir jamais rien dit qui peust desplaire à Mr d'Ornano, mais adjousta, que, s'il estoit sy malheureux que Mr d'Ornano l'eust creu, il iroit chez luy demander pardon un genouil en terre de la créance qu'il en auroit eue. Mr le Colonel ayant dit à Mr de Bouteville ces soubzmissions faictes par Luppes et adjousté qu'il ne les vouloit point recevoir ny Mr d'Ornano aussy, s'il n'en estoit d'aviz, Mr de Bouteville respondit qu'il estoit d'aviz que Mr d'Ornano les receust.

Mr de Challais ayant refusé de se battre contre Mr de Briançon, le comte du Lude le fit aussy appeller à quelques jours de là. Mr de Challais respondit encor qu'il vouloit auparavant avoir sa grâce, et qu'aprez cela il en vouloit sortir une fois pour toutes en prenant autant de seconds comme le Comte du Lude avoit de proches qui s'embarrassoient dans sa querelle. ....[1] qui faisoit l'appel dit que, sy Mr de Challais ne vouloit contenter le Comte

1. En blanc.

du Lude par les voyes qu'il luy offroit, il seroit contrainct d'en chercher d'autres.

Lejeune Beuvron fit appeller M$^r$ de Challais, disant que puisqu'il n'avoit pas voulu se battre contre Briançon qui estoit frère du deffunct, il falloit qu'il se batist contre luy, qui, aprez les frères, estoit un de ses plus proches parents. M$^r$ de Challais se mocqua de cest appel.

Le marquis de Boisy fit appeller le marquis de Sedeuil, frère de Chalais. Ilz furent empeschez.

*Lund.* 15. — M$^r$ de Challais, voyant que le Comte du Lude et Briançon se vouloient advantager des appelz qu'ilz luy avoient faict faire, il se résolut, par l'adviz de ses amiz, d'envoyer appeller le Comte de Lude par M$^r$ de Surville qui luy dit que M$^r$ de Challais seroit très-aise qu'il se peust consoller de la mort de M$^r$ de Pontgibault, lequel il avoit tué par un rencontre inopiné et en fort homme de bien, qu'il n'estoit pas le premier de sa condition qui eust faict une semblable perte, et qui s'en fust consolé ; mais que, sy cela ne pouvoit estre et qu'il n'y eust point d'autre voye pour le consoler que de voir M$^r$ de Challais l'espée à la main, il l'envoyoit là pour luy dire qu'il l'attendoit à.....[1] ; mais qu'il désiroit qu'il fist trouver aussy M$^r$ de Briançon. Le Comte du Lude respondit qu'il ne se pouvoit faire fort de M$^r$ de Briançon, ne sachant où il estoit et qu'en l'estat où il se trouvoit lors il n'y se pouvoit battre à moins de cinq contre cinq.

1. En blanc.

M^r de Surville respondit : « Nous serons aussy cinq » qui estoient luy, M^r de Challais, Balagny, Bardouville et.....[1]

Estans donc sortiz pour se battre ilz furent arrestez.

M^rs de Balagny et de Bardouville avoient aussy envoyé chacun de leur chef pour appeller le Comte du Lude.

*Mard.* 16. — La reyne, mère du roy, ayant commandé à M^r le Grand Prieur de coucher chez M^r de Challais affin d'empescher qu'il ne se battist, M^r de S^t Luc vint dire à M^r le Grand Prieur que M^r d'Elbeuf le prioit de vouloir terminer ceste affaire, dans laquelle M^r le Marquis de Boisy, son neveu, s'estoit brouillé avec le Marquis de Sedeuil. M^r le Grand Prieur respondit que, puisque M^r de Bellegarde qui estoit parent et amy de M^r de Challais n'avoit peu accomoder ceste affaire, il n'y avoit pas grande apparence que luy le peust faire. M^r de S^t Luc continuant sur cela à parler sans s'expliquer, comme un homme qui avoit quelque autre chose à dire, et ceux qui estoient là s'aprochans pour entendre et disans à M^r de S^t Luc qu'il parlast très-hault, M^r le Grand Prieur, en le conduisant, luy dit qu'il voyait bien qu'il n'estoit pas là le maistre, mais qu'il tascheroit d'aller chez luy où, s'il avoit quelque chose à luy dire, il luy pourroit parler avec liberté.

*Mecred.* 17. — M^r le Grand Prieur sort à 3 heures du matin avec Challais, Balagny, le marquis d'Aluy et le

1. En blanc.

Chevallier de Gessan et s'en va à une hostellerye du faulxbourg S<sup>t</sup> Michel, d'où il envoye querir M<sup>r</sup> de S<sup>t</sup> Luc, auquel ayant demandé en arrivant, sur les 6 heures du matin, s'il avoit quelque chose à luy dire, il respondit qu'ouy et que M<sup>r</sup> d'Elbeuf le vouloit voir l'espée à la main. M<sup>r</sup> le Grand Prieur respondit : « Me voicy « prest, et nous sommes cinq. » M<sup>r</sup> de S<sup>t</sup> Luc dit : « Nous ne sommes que quatre ; mais M<sup>r</sup> d'Elbeuf trou- « vera bientost un cinquiesme, et il est au bout de ce « faulxbourg. » M<sup>r</sup> de S<sup>t</sup> Luc ayant veu que M<sup>r</sup> le Grand Prieur n'avoit qu'une petite espée, il luy dit que M<sup>r</sup> d'Elbeuf en avoit une fort bonne. M<sup>r</sup> le Grand Prieur respondit qu'il cognoissoit par là qu'il ne faisoit pas grande profession d'esclaircissemens. M<sup>r</sup> de S<sup>t</sup> Luc luy dit : « Monsieur, je ne scay pas comment vous faire « avoir une autre espée ; car nous ne sommes pas four- « bisseurs. » M<sup>r</sup> le Grand Prieur respondit : « Il n'est « point besoing que vous vous en mettiez en peyne. « Je me battray avec la mienne. » Néantmoins M<sup>r</sup> d'El- beuf, vers lequel on alla, luy en envoya une, dont M<sup>r</sup> le Grand Prieur fut content. Ainsy estans allez au bout du fauxbourg, où M<sup>r</sup> de S<sup>t</sup> Luc croyoit trouver M<sup>r</sup> d'Elbeuf, il ne l'y trouva point, et allant plus avant pour le trouver, M<sup>r</sup> le Grand Prieur luy disoit : « Monsieur, menez-moy « où vous voudrez, je ne m'en metz point en peyne. « Car je vous suivray tousiours, et vous auray pour « tesmoing de tout ce que je feray. » Ainsy ilz allèrent jusques à deux lieues de Paris, par delà le Bourg La

Reyne, où M^r de S^t Luc dit qu'il ne se recognoissoit plus ; mais ilz eurent nouvelles de M^r d'Elbeuf, qui, du faulxbourg S^t Michel ayant esté au faulxbourg S^t Germain et aprez revenu sur leurs pas, s'estoit ainsy trouvé derrière. Comme ilz estoient en veue les uns des autres, y ayant avec M^r d'Elbeuf le duc de Roannois, le Marquis de Boisy, M^r de S^t Luc et un escuyer de M^r d'Elbeuf, nommé Helier, M^r le Comte de Soissons, qui estoit sorty dès 4 heures du matin, arriva et arresta M^r le Grand Prieur et M^r D'Elbeuf, qu'il rencontra incontinent aprez, luy ayant dit : « Monsieur, vous voyez qu'il n'a pas « tenu à moy que nous ne nous soyons rencontrez « M^r le Grand Prieur et moy. » M^r le Comte respondit : « Je sçay qu'il n'a pas tenu à M^r le Grand Prieur. — à « quoy M^r d'Elbeuf ayant réplicqué : « Monsieur, vous « scavez bien qu'il n'a pas tenu à moy — M^r le Comte « respondit : « Vous estes un fanfaron, et tous ceux « qui diront qu'il a tenu à M^r le Grand Prieur, je les « feray mentir. »

Monseigneur ayant sceu à 7 heures et demye que M^r d'Elbeuf et M^r le Grand Prieur estoient à la campagne, il monta à cheval, sortit par la porte S^t Anthoine, s'en alla jusques à Aubervilliers, où il trouva M^r de Chevreuse, M^r de Schonberg, M^r de Luxembourg, M^r de La Rocheguyon, M^r de Lyancour et quelques autres amiz de M^r de Schonberg, qui se chauffoient, et puis s'en alla sur le chemin du Bourg La Reyne, où ayant rencontré M^r le Comte qui ramenoit M^r le Grand Prieur, il pria

Mʳ le Comte de le mener chez luy et de s'en charger, en attendant qu'il receut l'ordre du roy ; ce qu'il luy promit de faire. Monseigneur envoya en mesme temps Mʳ d'Ouailly, capitaine de ses gardes, dire à Mʳ d'Elbeuf, qu'en l'absence du roy il le prioit de ne bouger de son logis. A quoy Mʳ d'Elbeuf, qui s'en alloit chez luy, respondit fort civilement.

Le roy, qui estoit à Versailles dès le dimanche précédent, revint le soir et envoya Launay, lieutenant des gardes, garder Mʳ le Grand Prieur chez Mʳ le Comte.

*Jeud.* 18. — Le roy, aprez avoir faict une réprimande à Mʳˢ d'Elbeuf et Grand Prieur de ce qu'estans sy proches ilz avaient esté mal ensemble, et, leur ayant dit qu'il vouloit qu'ilz vescussent en amityé, il les fit embrasser.

Quant à Mʳ le Comte, Mʳ d'Elbeuf ne s'en estant point plaint, il n'y eut point d'acommodement.

Mʳ le Comte avoit dit tout hault au Louvre le jour d'auparavant que Challais estoit chez luy et qu'il avoit laissé dix gentilzhommes exprez dans le logis avec charge expresse de donner 500 coups de baston et jetter de la plus haulte fenestre de la maison quiconque seroit sy hardy que de l'y venir appeller.

*Vend.* 19 *ou Samedi.* — Mʳ de Schonberg amena au roy Mʳ le Comte du Lude et Briançon, auxquelz sa Majesté fit deffences de plus rien demander à Mʳ de Challais, sur peyne d'avoir la teste tranchée à l'heure mesme.

Sa Majesté avoit desia promis la grâce à Mʳ de Challais.

*Lundi* 22. — M^r le Cardinal de La Rochefoucault, par commandement du roy, donne charge au Père Cotton, supérieur des Jésuites à Paris, de dire au Père Segueran que Sa Majesté ne desiroit plus qu'il la confessast et au Père Sufferen (confesseur de la reyne, mère du roy) qu'il vouloit qu'il fust son confesseur.

Le Père Sufferen pleura et résista fort, quand on luy porta ceste nouvelle. Le roy, ayant tesmoigné à la reyne, sa mère, qu'il désiroit l'avoir pour confesseur, elle luy représenta plusieurs raisons pour l'en divertir ; mais il insista jusques aux larmes.

*Mecredi* 24. — Le roy, ayant envoyé quérir le Père Sufferen pour le confesser, il supplia Sa Majesté avec grande instance de l'en excuser ; mais le roy ayant insisté, il le confessa et sur les 9 heures Sa Majesté communia. Il dit le jour mesme que la crainte qu'il avoit du Père Sufferen l'avoit empesché de dormir toutte la nuict, mais qu'il en estoit bien content et qu'il ne le trouvoit pas trop rude.

*Mardi* 30. — M^r le Colonel ayant vendu le gouvernement de Château-Gaillart au Marquis de La Londe, normand, ʟ m. livres, et ledit marquis ayant plaidé contre ses promesses et esté condamné au Conseil, il fit le lundy chez M^r le Chancelier appeller M^r le Colonel par Angerville, son parent. M^r le Colonel, pour empescher que l'on ne s'en doubtast, dit à Angerville qu'il vinst le lendemain au Louvre, à 8 heures du matin, et qu'il se

vouloit battre à l'espée et le poignard ; que s'il ne vouloit pas prendre le soin.....¹ des espées et des poignardz,
il s'en chargeroit. Le mardy, Angerville estant venu au
Louvre à 8 heures, M<sup>r</sup> le Colonel et M<sup>r</sup> d'Ornano, qu'il
avoict pris pour second, sortirent à cheval avec luy, pour
aller à Madrid, où estoit le rendez-vous ; mais ilz furent
arrestez et ramenez par Balagny, Surville et autres ; et
incontinent aprez, M<sup>r</sup> d'Ornano s'estant eschapé pour
s'aller battre au lieu de M<sup>r</sup> le Colonel, Monseigneur
monta à cheval et alla jusques vers Chaliot et ramena
M<sup>r</sup> d'Ornano.

Le Marquis de La Londe sachant que Monseigneur
venoit se retira.

---

1. Un mot illisible.

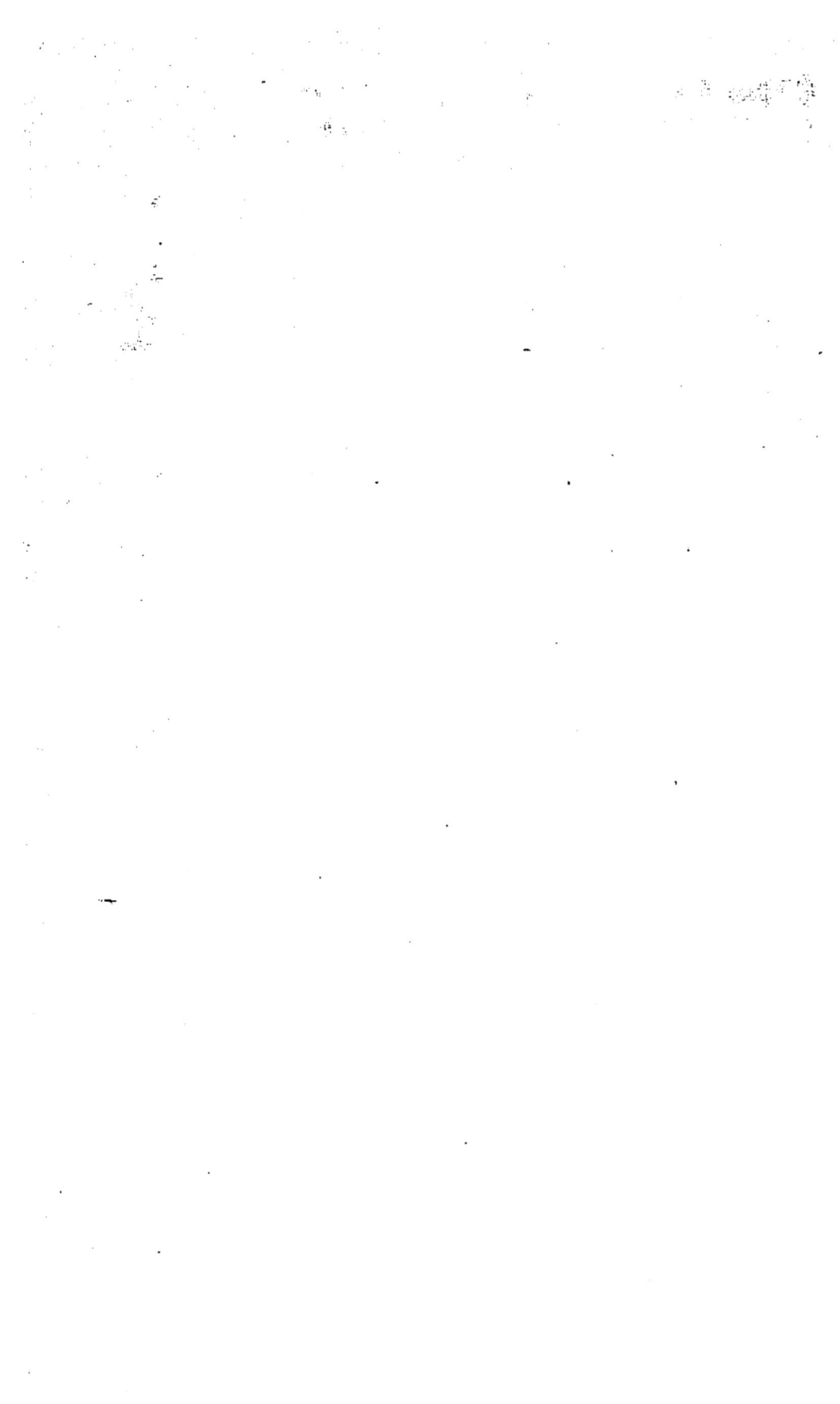

TIRÉ A VINGT-CINQ EXEMPLAIRES

PAR MALVANO, IMPRIMEUR

A NICE

Décembre 1903

NICE. — IMPRIMERIE ET LITHOGRAPHIE MALVANO, RUE GARNIER, 1.

www.ingramcontent.com/pod-product-compliance
Lightning Source LLC
Chambersburg PA
CBHW070411090426
42733CB00009B/1617